名人家风丛书

清明高节满乾坤

——范仲淹与范氏家风

本书系2015年马克思主义理论研究和建设工程重大项目暨国家社科基金重大项目“中华优秀传统文化的创造性转化与创新性发展研究”阶段性成果。

名人家风丛书

徐梓　主编

清明高节满乾坤

——范仲淹与范氏家风

张小娟　著

中原出版传媒集团
中原传媒股份公司
大象出版社
·郑州·

图书在版编目(CIP)数据

清明高节满乾坤：范仲淹与范氏家风 / 张小娟著.— 郑州：大象出版社, 2018. 3 (2018. 12 重印)
(名人家风丛书 / 徐梓主编. 第二辑)
ISBN 978-7-5347-9599-2

Ⅰ. ①清… Ⅱ. ①张… Ⅲ. ①家庭道德—中国 ②范仲淹 (989—1052)—家族—史料 Ⅳ. ①B823. 1 ②K820. 9

中国版本图书馆 CIP 数据核字(2017)第 296248 号

名人家风丛书
徐　梓　主编
QINGMING GAOJIE MAN QIANKUN
清明高节满乾坤
——范仲淹与范氏家风
张小娟　著

出 版 人　王刘纯
总 策 划　郑强胜
责任编辑　裴红燕　吴春霞
责任校对　李婧慧
书籍设计　王　敏

出版发行　大象出版社(郑州市开元路 16 号　邮政编码 450044)
发行科　0371-63863551　总编室　0371-65597936
网　　址　www.daxiang.cn
印　　刷　北京汇林印务有限公司
经　　销　各地新华书店经销
开　　本　890mm×1240mm　1/32
印　　张　8
字　　数　168 千字
版　　次　2018 年 5 月第 1 版　2018 年 12 月第 4 次印刷
定　　价　20.00 元

印厂地址　北京市大兴区黄村镇南六环磁各庄立交桥南 200 米(中轴路东侧)
邮政编码　102600　电话　010-61264834

总　序

一个人有一个人的气质，一个国家有一个国家的性格。一个家庭在长期的延续过程中，也会形成自己独特的风气。这样一种看不见的风尚习惯、摸不着的精神风貌，以一种隐性的形态存在于特定家庭的日常生活之中，家庭成员的一举手、一投足，无不体现出这样一种习性。这就是家风。

“家风”一词，最早见于西晋著名文学家潘岳的诗中。与潘岳有“双璧”之称的夏侯湛，自恃文才超群，将《诗经》中有目无文的六篇“笙诗”补缀成篇。潘岳为与友人唱和，写作了《家风诗》。在这首诗中，作者通过歌颂祖德、称美自己的家族传统以自勉。

“家风”又称“门风”，这个词语在西晋出现并在随后流行，显然和“士族”“世族”“势族”“大族”“世家大族”成为社会上的统治力量有关。无论是以宗族为根基、以武力为特质的地方豪族，还是以官宦为标志、以文化为表征的名家大姓，他们政治上累世贵显，经济上广占土地，文化上世传家学，垄断了全社会的主要资源。除通过九品中正制和婚姻关系来维护门阀制度之外，他们还自矜门户、标树家风，用以抵御皇权和寒人的侵渔。正因为如此，两晋以后，这个词语渐次流行。从发轫之初，“家风”就往往和“门风”互用。我们可以将它理解为家庭的风气，将它看作一个家庭的传统、一个家庭的文化。

传统作为人类代代相传的行事方式，是从过去延传到现在的事物。没有经过较长时间的过滤和沉淀，就形成不了传统。在《论传统》的作者希尔斯看来，至少要持续三代人，才能成为传统。尽管世代本身的长短不一，但无论是信仰还是行动范式要成为传统，至少需要三代人的两次延传。家风作为特定家庭的传统，是该家庭长时期历史汰选、传统沉淀的结果，是一辈又一辈先人生活的结晶。在历史文献中，“家风”或与“世德”共举，或与“世业”并称，足见家风有别于时尚，而与“世”即很多年代、好几辈子紧密关联。在时间上持续的短暂性是时尚的特征，而家风则是历经延传并持久存在，或者在子孙后代身上一再出现的东西。正是在这个意义上，历史文献中提及“家风”一词，往往蕴含对传统的继承。如比比皆是的“不坠家风”“世守家风”“克绍家风”“世其家风”及“家风克嗣”等，无不体现了这一特点。

有一种观点认为，家风必须是健康的、积极向上的，否则，不能称之为家风。实际上，这只是说者的一种期许、一种渴盼，家风本身并不蕴含这样的意味。否则，“良好家风”就是毫无意义的同义反复。正如“文化”是使民族之间表现出差异性的东西，时时表现着一个民族的自我和特色一样，家风作为家庭的文化和传统，表现的也是一个家庭的气质和风习，反映出一个家庭与其他家庭的不同之处。它完全是一个中性的概念，并不必然具有正面的意义。有的家风可能是勤奋俭朴、为人忠厚、待人有礼，也有的家风可能是狡诈刻薄、游荡为非、跋扈凶横。如同一所学校、一个班级的风习我们称之为校风、班风，而校风有好坏之分，班风有高下之别，并不总是值得弘扬一样，家风同样也有不良的，并不都是传家宝。正因为如此，对家风或门风则就既有称誉，也有贬损。即便是在传统社会，被视为传家久、继世长的，也只有耕读、忠厚、清廉这样一些美好的品质。

的确，家风的特征在前现代、在乡村社会、在大家庭中表现得十分鲜明，格外生动，而在现代城市家庭中却不那么明显。但是，只要一个组织存在，就会有这个组织的文化，特别是这个组织如果有历史的厚重，有传统的积淀，就更是如此。作为家庭的文化，家风是附丽于家庭而存在的，只要有家庭，就会有家风。家风并不必然会因为农村的城市化、大家族被小家庭所取代而丧失，或者说，随着历史的演进，社会情势的变化，家风的具体内容肯定会有变化，但家风仍然会存在。在社会结构和家庭结构都发生了革命性变革的当今社会，人们感叹“家风”的荡然无存，其实是指家庭所秉持的“只耕田，只读书，自然富贵；不欠债，不健讼，何等安宁”这样一些古典原则的式微，是指“耕读两途，读可荣身耕可富；勤俭二字，勤能创业俭能盈”这样一些传统内容的沦落，是“志欲光前，惟是诗书教子；心存裕后，莫如勤俭传家”这样一些旧时理念的散淡，而不是家风本身的消逝。

此外，家风不同于家规。虽然这两个词都与家庭教育相关，但它们有着本质的差异。

家规是家庭或家族中的规矩，是家人所必须遵守的规范或法度，是父祖长辈为后代子孙所制定的立身处世、居家治生的原则和教条。它是借助尊长的权威，加之于子孙族众的又一重道德约束，有的甚至具有法律效力。它有家训、家诫、家仪、家教、家法、家约、家矩、家则、家政、家制等名义，有敬祖宗、睦宗族、教子孙、慎婚嫁、务本业、励勤奋、尚节俭等多方面的内容，是行于口头、针对性强的具体教诫，是见诸家书、目的明确的谆谆训诲，是载诸家谱、可供讽诵的文本规条。家规可以有多种分类，如：根据其表现形式，可以分为教诫活动的家规和文献形式的家规两种；根据内容，则可以分为针对一人一事、起因明确、内容具体、结果显豁的非规范性家规和针对整个人生、涉及方方面面的规范性家规。有的家规，着重家庭子弟的道德修养，教授为人处世要法；有的家规，集中居家治生，以至是祠堂、义庄、学塾等的管理规条。但无论如何，相对于家风，家规一个总的特点是有形的，是可视可见的。

一个家庭的家风有别于这个家庭世代相传的道德准则和处世方法，它是一个家庭的性格特征。虽然它一旦形成，也就成为教化的资源，对家族子弟具有熏染影响、沾溉浸濡的意义，但它是一种不必刻意教诫或传授，仅仅通过耳濡目染就能获得的精神气质，具有“润物细无声”的作用。历史文献中的“渐渍家风”，就极为生动形象地诠释了这一过程。通俗地说，我们可以把家规看作教化家人的教科书，而家风则是经由长期教化后的结果。

2014年春节期间，中央电视台的“家风”系列报道，引起了社会的热烈反响和高度认同。这一报道对于引导人们自觉省思，培植良好的家风，构建和谐的家庭关系，夯实家庭这一社会的堡垒，进而培养全社会的良风美俗，疗治现今社会的乱象，无疑具有积极的意义。正是基于这样一种用心，《寻根》杂志主编郑强胜代表大象出版社，约请我主编这套“名人家风丛书”。

第一辑十种出版之后，广受读者好评、社会欢迎。众多媒体都曾予以推荐，并入选国家新闻出版广电总局向全国青少年推荐百种优秀出版物、入选第二届中华优秀传统文化普及图书50种图书推荐目录，出版社也一印再印。受这种情势鼓舞，强胜兄按此前我们商议好的计划，不失时机地敦促我们启动了第二辑的编写工作。2016年5月18日，他给我发来了《“名人家风丛书”第二辑编写建议》，第二辑的编写工作由此启动。

受2015年马克思主义理论研究和建设工程重大项目暨国家社科基金重大项目“中华优秀传统文化的创造性转化与创新性发展研究”首席专家于丹教授的邀请，我担任了这一课题子课题“当代中国伦理文明与家教门风的重建”的负责人一职。本辑十种的编写，也是该子课题研究工作的一部分，并受到了该课题的资助，王立刚居中做了大量的工作。

本辑的编写者，依然主要是我的学生，也吸纳了个别对此有热情、有研究的朋友参加。由于时间仓促，特别是水平所限，其中肯定会有这样或那样的问题，诚挚地希望读者不吝赐教，以便我们把这项工作做得更好。

北京师范大学国学经典教育研究中心 徐梓

2018年1月

目录

引　言　1

第一章　源自尧裔　望出高平　5

第一节　帝尧之裔　刘累得氏　7

第二节　杜伯冤死　子孙仁晋　11

第三节　士会封范　得姓之始　14

第四节　春秋至晋　范氏名人　27

第五节　望出高平　支脉播迁　32

第二章　我先本唐相　子孙志四方　35

第一节　谱系始祖　36

第二节　范氏南迁　39

第三节　生父范墉　41

第三章　幼孤家贫　随母改嫁　49

第一节　读书少年　50

第二节　求学南都　60

第三节　中举与复姓　67

第四章　直道而不枉　甘为三黜人　69
第一节　道义在身任浮沉　71
第二节　直言上书　忤逆太后　73
第三节　有犯无隐　阻帝废后　81
第四节　宁鸣而死　不默而生　87

第五章　塞垣草木识威名　89
第一节　宋夏之战　92
第二节　韩琦的“战”　99
第三节　范仲淹的“守”　105

第六章　为官一任　造福一方　107
第一节　筑堤治水　109
第二节　兴学育才　114
第三节　义田活族　121

第七章　重父必重母　123
第一节　母教典范　124
第二节　继室淑贤　138
第三节　范家儿媳　142

第四节　范家女儿　145

第八章　雅道有子继　149
第一节　范纯祐：天才英纵　150
第二节　范纯仁：布衣宰相　158
第三节　范纯礼：爱民勤政　175
第四节　范纯粹：沉静有略　183
第五节　范家后辈有贤名　188

第九章　家声代代传　191
第一节　孝悌忠恕　192
第二节　节俭持家　199
第三节　乐善好施　206
第四节　清廉守正　209
第五节　诗文传家　222

第十章　持家秘籍说家训　227

附录　范氏祖茔天平山　233

参考文献　238

引 言

千载而下，范仲淹一直是中国知识分子的道德典范。王安石评价范仲淹“一世之师，由初迄终，名节无疵”。在南宋大儒朱熹眼中，范仲淹是“天地间气，第一流人物”；而在金代文学家元好问眼中，范仲淹是“千百年间，盖不一二见”的人物。现代人则说，两宋人物首推范仲淹。

人们素来重视“身后名”，千古风流人物，无论生前如何风光显赫，都难免死后之论。翻检史实，不难发现一个有趣甚至带有一定普遍性的现象，即当时人的评价与后世人的评价经常不太一致，甚至褒贬互换时有存在。

范仲淹似乎是个特别的例子。生前被同时代人热情讴歌，赞为“贤者”（石介），去世时举国悼念，边疆之民闻讯痛哭，仁宗皇帝亲自书写其碑曰“褒贤之碑”。几十年后，钦宗皇帝感念这位贤臣的仁德，加以追封，《追封魏国公诰》中称赞范仲淹“清明而直谅，博大而刚方”。

令后人羡慕称道的是，留芳青史的不仅是范仲淹本人，其儿子也个个学有所成，《宋史》中还记载有他的四个儿子和一个孙子的事迹。长子范纯祐幼时便有文名，少年时随父亲立功于边疆，遗憾的是成年后因病居家，不问政事。其他三个儿子在宋朝都曾担任重要职务，次子范纯仁两次登上相位。在大儒黄宗羲名作《宋元学案》中，其父子五人赫然在列。

从范仲淹开始，范氏家族形成了清正廉洁为官、孝义节俭持家、宽和忠恕待人、乐善好施济人的家风。

正因为有这样的家风，才会有近千年持续不断的慈善大爱。范仲淹以祖宗之心，悲悯着童年时从未抚育过他的苏州族人，并倾其官俸捐建“范氏义庄”，不仅当时帮助了乡人，周济了家族中的贫困者，而且起到了“活族”的作用。在此后的时光里，他的子子孙孙不断投入财力、心力，薪火相传接续这项伟大的慈善事业，不知造福了多少人。

范仲淹是个有大爱的人，他的祖宗之心，不仅施诸与他血脉相连的族人，更有看似陌路的天下人。作为将军，他用父母之心体谅士兵，不肯轻易启战；作为地方官，他用父母之心关注社会底层的小民，为民请命，请皇帝品尝民间“乌味草”。他把自己的喜乐放在全天下之后，心怀天下，心忧天下。他的自我期许是“我爱古人节，皎皎明于霜”。

这样一位贤人，是如何养成的？他又如何教育出四个出色的儿子？令后人津津乐道的“文正家声”“墨幛家声”又传达了哪些可贵的治家经验？

他以自己的姓氏为荣，他仰慕先祖们的事迹和功德，它们是他成长、化蝶中重要的思想资源。

范仲淹的童年是不幸的，在三十多岁结婚成家之前，“家”对他而言是一种无奈甚至有些尴尬。两岁，亲生父亲去世；四岁，跟着母亲改嫁；二十多岁知道身世，立志改回本姓，却被范氏家族质疑。套用现代心理学的分析，成年后的范仲淹出现偏激、阴暗性格都是有可能的，是可以解释得通的。为什么他却没有抱怨、没有报复、没有仇视，反而成长为“道德上几乎完美”的人？

为什么欧阳修对他如此崇敬？为什么苏东坡把未能拜见他作为终生憾事？这位一代名相、名儒身上，蕴藏了什么神秘的力量？

让我们一起，穿越千年，回到北宋，回到历史现场，看一看，一切是如何发生、发展的。

宋資政殿大學士文正公
文正公贊
出为名相
处为名贤
乐在人后
爱在人先
经天纬地
刚谥宜然
贤哉斯诣
轶后空前
眉山东坡
苏轼撰

范仲淹像

第一章

源自尧裔　望出高平

“参天之木，必有其根；怀山之水，必有其源。”追根溯源，访古认祖，是人之天性，中华民族尤其重视。对中国人而言，大多数姓氏都有自己的起源传说，都有本姓氏所珍视的历史。在后人津津乐道的故事中，传递着本姓氏特有的精神力量，这种精神力量有时会在某个人身上起到非同寻常的神奇效力。

北宋时，某位官员给朝廷的奏表中写道：“名非霸越，乘舟偶效于陶朱；志在投秦，入境遂称于张禄。”上表之人是谁呢？此话又有什么深意呢？上表之人名叫“朱说”（“说”与“悦”同音），他用两位范姓先贤的故事告诉人们，我朱说并非朱氏子弟，而是范家儿郎！

奏表中提到的“陶朱”，在中国历史上大名鼎鼎，被尊为“中华商圣”“经营之神”。此人本名范蠡，春秋时期担任越国大夫，辅佐越王勾践二十多年，帮助勾践完成了复国灭吴的大事之后，急流勇退，弃官从商，最后定居于陶（今山东定陶），自称“朱公”，后世称他“陶朱公”。奏表中说的“张禄”，本名范雎，是战国时期魏国人，因得罪权贵，在魏国差点儿被人打死，机缘巧合下，他化名张禄随着秦使逃离魏国，来到秦国，后来深得秦昭王信任，官至秦国丞相。

这两个人的共同点在于：原本都姓范，却因为特别的原因而换姓改名。奏表中此话暗含着写信人身世的隐曲：我本人也跟那二位先贤一样，不得已而更为他姓！我与他们一样，我姓范！我希望改回本姓！

此人便是范仲淹。

范姓，的确是个非常古老的姓氏。范氏，曾在春秋时期的历史舞台上显赫一时。中国古代历史上有许多熠熠生辉的范姓名字，初知自己身世的范仲淹恐怕也会激动自豪吧！

范氏家族的祠堂有副对联：“源自尧裔；望出高平。”这副对联不仅点出了范姓对于自己姓氏起源的集体记忆，也交代了范姓的郡望所在。

第一节 帝尧之裔 刘累得氏

中华范姓公认的说法是“源自尧裔”，范姓子孙认为自己是中华远古传说中三皇五帝之一的尧帝的后代，这种说法流传甚久，东汉人王符写的《潜夫论·志氏姓》中记载说：“帝尧之后有范氏。”

把帝尧认作祖先的当然不只是范氏，中华民族还有很多姓氏都可以追溯到帝尧。范姓之祖与帝尧的关系究竟如何呢？更详细的记载说，范氏是帝尧之裔孙刘累的后代。从古代典籍可以窥见，这种说法有着悠久的历史。唐代有本专门研究姓氏谱牒的史籍，叫《元和姓纂》[①]，书中记载：“帝尧刘累之后，在周为唐杜氏，周宣王灭杜，杜伯之子隰叔奔晋为士师，曾孙士会，食采于范，遂为范氏。”宋人邓名世著有《古今姓氏书辨

① 《元和姓纂》是中国唐代谱牒姓氏之学的专著。原本10卷，今有10卷本、18卷本两种。唐宪宗时宰相李吉甫命林宝修撰，元和七年（812）成书。

证》[①]一书，其记载范姓内容与《元和姓纂》一致：帝尧的裔孙叫刘累，仕于夏朝的君主孔甲，被孔甲赐氏为御龙氏。御龙氏一族后迁鲁县（今河南鲁山东北），至商朝时改为豕韦氏，到商朝末期曾拥有古唐国之地。

始祖刘累的名字在《左传》中也可以找到。《左传·昭公二十九年》记载："刘累，学扰龙于豢龙氏……范氏其后也。"

综合以上文献的说法，我们可以知道，承上启下的关键人物叫"刘累"，他是帝尧的后代，是范姓始祖。刘累生活在夏朝君主孔甲时期。他学会了驯养龙的技术，帮助孔甲驯养龙，因而得到孔甲赏识，作为特殊的封赏，孔甲赐他"御龙氏"。

"赐氏为御龙氏"是什么意思？又有什么特殊的意义呢？为什么说是特殊的封赏？

上古时期，中国人有"姓"，也有"氏"，二者既有联系又有区别。"姓"与"氏"在具体内涵上有所不同。根据宋代史学家郑樵的说法：在夏、商、周三代以前，"姓"和"氏"分而为二。男子称"氏"，女子称"姓"。"氏"是用来区别身份贵贱的，贵者有"氏"，贱者有名无

---

① 宋代邓名世撰，其子邓椿补成。本书共40卷。作者对《元和姓纂》一书采录、考辨尤为详博，同时又以《熙宁姓纂》《宋百官公卿家谱》二书互为参校，足以补史传之不足，对有关姓氏著作，取其长而辨其误，故名《古今姓氏书辨证》。

该书从北宋政和年间开始编撰，成书于南宋绍兴四年（1134），邓名世、邓椿父子相继历时20余年，所以该书比其他姓氏著作较为详细、精确。原书久已散失，今存本系乾隆年间从《永乐大典》中辑出，仍为40卷，保留了原书的内容、风貌，是研究姓氏文化不可缺少的重要著作。

“氏”。“姓”则用于区别婚姻，同“姓”之间不能通婚。“氏”本是“姓”的分支。“姓”是氏族组织的名号；“氏”则为氏族组织不同层次血缘组织的名号，是“姓”的分化。也就是说，同姓之人可以来自不同的氏，但同氏之人一定是出自同一姓的。

帝尧为陶唐氏，刘累既然是帝尧的后代，也应属于陶唐氏。刘累被“赐氏为御龙氏”，则代表他从帝尧陶唐氏内分出来了，他的后代将是陶唐姓内一个新的血缘组织，他便是这个血缘组织的始祖。

《左传·襄公二十四年》载范宣子追溯其世系源流时说：

> 昔匄之祖，自虞以上为陶唐氏，在夏为御龙氏，在商为豕韦氏，在周为唐杜氏，晋主夏盟为范氏。

另据《左传·昭公二十九年》载：

> 有陶唐氏既衰，其后有刘累，学扰龙于豢龙氏，以事孔甲，能饮食之。夏后嘉之，赐氏曰御龙，以更豕韦之后。龙一雌死，潜醢以食夏后。夏后飨之，既而使求之。惧而迁于鲁县，范氏其后也。

因此，在范氏起源过程中，刘累是关键人物。他是帝尧的后代，在虞舜之前称陶唐氏，曾经跟豢龙氏学过驯养龙的技术。到了夏朝孔甲时期，因给夏帝驯养龙而受到了赐氏的嘉奖，称为御龙氏。他的封地在豕韦，这里原本是彭氏的封地，现在由他来接替。传说，起先刘累驯养着一雌一雄两条龙，可是某日雌龙突然死了，刘累没敢向夏帝说明，偷偷地将死去的雌龙做成肉酱，献给夏帝孔甲食用。后来孔甲要看雌龙，刘累害怕事情真相大白后会被处罚，就跑到鲁县躲藏起来，并终老于鲁县。刘累逃走后，彭姓恢复了豕韦封地。后来，商王武丁灭了彭姓的豕韦国，又把刘累的后人封于豕韦，这就是史书上说的“在商为豕韦氏”，其封地称为唐国。

西周初年周武王大行分封时，也分封了帝尧的后代，封地仍在唐国。成王时，武庚叛乱，唐国也参与了，叛乱被平定后，唐国被灭。刘累后裔被迁到杜邑，改封为“杜氏”，封地在今天陕西西安一带。唐国故地则被封给了周成王的亲弟弟叔虞。后来叔虞之子迁到晋水旁，其国才开始被称为晋国。有趣的是，很多年过后，古唐国的后人竟又成为执掌晋国的重臣，在晋国建功立业，获得“范”这个氏。这正是《左传》中“在周为唐杜氏，晋主夏盟为范氏”所说的历史事件。

范氏家族发展的另一个关键人物是西周初年的杜伯。没有他，就没有杜氏后人来到晋国之事发生，也就不会有后来权倾晋国的范氏家族。

第二节 杜伯冤死 子孙仁晋

一、宣王无道 杜伯冤死

西周第二代天子是成王，在位时间大概是公元前1042年到公元前1021年。辅政上卿、成王叔父周公旦消灭了商王朝的遗国唐国，把唐国王室迁至杜邑，建立杜国，其等级为“伯”，杜这个诸侯国的国君就被称为“杜伯”。

周宣王时，杜恒是当时的杜伯，同时也在周朝担任上大夫。杜伯正直无私，受人爱戴。《墨子·明鬼下》曰：“周宣王杀其臣杜伯而不辜。”杜伯因何事被杀，并未详细记载。后来主要有两种说法，其中之一是因为杜伯没有执行周宣王的高压政策。宣王三十九年（前789），周宣王与西戎作战失败，损失惨重，但还想整军再战。京畿附近儿童唱的一首歌谣说：“檿弧箕服，实亡周国。”檿弧，指用山桑木制成的弓。箕服，指用箕木制成的箭筒。童谣的大意是说：卖山桑木制作的弓和箕木制作的箭筒之人，就是使周国灭亡之人。听到这首预言自己江山不稳的童谣，周宣王既气愤又担心，觉得自己不能坐视不理。一方面，他派人到街上去搜捕那首童谣中所传唱的卖桑弓、箕箭筒的人；另一方面，派上大夫杜伯去查访应验童谣的妖女。一时间，误抓误杀了不少人，使得人心惶惶。杜伯觉得周宣王的搜查给国人带来了高压和恐慌，劝周宣王停止追查这件事，周宣王不听，盛怒之下，处死了杜伯。

杜伯族人怨恨周宣王，趁着周宣王一次外出打猎的机会，把他射死了。他们还编造了杜伯被杀后冤魂复仇的故事。此事在《墨子》《国语》中都有记述，并流传于后世。故事说，杜伯死前对天发誓复仇，他说："我的君主恣意妄为，无辜杀死我，如果人死后无知就算了，如果人死后有知，那么不出三年，我定会让我的君主知道后果！"杜伯死后第三年，周宣王大会诸侯，外出打猎，前后车辆数百乘，侍卫大臣数千人，原野上旌旗遍布。到了正午时分，忽然出现了惊人的一幕：身着朱色衣冠的杜伯从远方驾车疾驶而来，他手握朱弓，抽箭射中周宣王的心脏后就消失了。

二、隰叔奔晋　士芳发迹

杜伯死后，杜国随之被灭，他的儿子隰叔逃到了晋国，在晋国担任官职，逐渐升为大夫，担任"士师"，执掌禁令、刑狱等，成为晋国的客卿。隰叔的儿子芳，也叫子舆。隰叔死后，子舆继承了父亲的士师之职。为纪念父亲，可能也为记住家族的历史，他用"士"字作为自己的姓，历史上称为"士芳"。自此，定居晋国的这支唐杜氏，就被称为"士氏"。

士蔿之时是晋献公执政时期。晋献公认为同姓宗室旁系支族会危害到国家，决定借助异姓卿大夫消灭同姓宗室。《史记·晋世家》记载，士蔿曾向晋献公进言：“故晋之群公子多，不诛，乱且起。”建议晋献公诛杀晋国宗室。士蔿不仅是策划者，而且还是执行者。他为国君效力，积极参加这场根除小宗的宗室斗争，并做出了很大贡献。他先是用离间计，挑拨小宗室围攻晋国最有势力的宗室支系——游氏。游氏被诛灭后，士蔿指挥将士把参与诛杀游氏的晋国诸公子一网打尽，全部诛杀。他为晋献公解除了来自内部的权力威胁，后人评价他说：“蔿真倾危之士哉！”随后，士蔿参加晋国对外兼并战争，先后灭掉了虢国、虞国。公元前668年，士蔿升为大司空，位列三公，在晋国获得了极高的声望和地位，为后来范氏家族的发展奠定了基础。

第三节 士会封范 得姓之始

一、赵盾变卦 士会入秦

士会，字季，是士𫇭的孙子，是杜氏入晋的第四代。士会在晋文公重耳执政时期（前636—前628）担任车右，参加过著名的城濮大战。到了晋文公的儿子晋襄公时期，士会升为晋国大夫，因其食邑在随（今山西介休东南），人们又称他为“随会”。后来，在对楚国作战中，士会立下大功，加封采邑高平（今山西高平）之地。[①]

士会的传奇故事要从一次君位之争开始。晋襄公七年（前621）八月，晋国国君襄公去世。他在病危时，曾把执政大臣赵盾召到身边，将小儿子夷皋托付给赵盾，让赵盾辅佐夷皋，赵盾承诺会尽心辅佐幼主。但

① 范枢祥编撰，范瑞权校对：《新编广东省大埔县青溪镇蕉坑村苏坪范氏家谱》。

是，晋襄公死后，赵盾和不少晋国大臣担心储君夷皋还年幼，无法主持国家大事，还是应该立一个已经成年的公子为国君，他们商议在晋襄公的弟弟中选择一个做国君。然而，符合条件的弟弟不止一个，到底选谁呢？围绕这一问题，晋国上下争端不断，士会也被卷了进来。执政上卿赵盾主张到秦国迎回晋襄公的弟弟公子雍，而大夫贾季则力主去接在陈国的晋襄公的另一个弟弟公子乐。双方各持己见，互不相让，都想先下手为强，于是各自派人出境迎立公子。赵盾派去接公子雍的大臣就是士会和先蔑。他们二人奉命带着宗族亲兵动身前往秦国，按计划接上公子雍后起程返回晋国。贾季派到陈国的人也顺利地接上公子乐，希望抢先赶回晋国，可是赵盾早有准备，公子乐在回国途中被赵盾派的人杀死了。贾季则杀死了赵盾亲信下属阳处父，随后逃到了晋国西北部的少数民族居住区。此时，赵盾拥立公子雍继位的计划已经没有了阻碍，只等士会等人返回晋国。

可是没想到的是，一个女人的眼泪改变了赵盾的心意，让他出尔反尔，变卦了。这个女人叫穆嬴，是晋襄公的遗孀、夷皋的母亲，她怎么能甘心儿子的君位轻易被夺而不做任何努力？为给儿子争取君位，她用上了苦肉计，天天抱着儿子到朝堂上啼哭不已，一边哭一边说这孩子才是君位的继承人。她还好几次跑到赵盾家，哭诉晋襄公临终前托付赵盾辅佐幼子。她时而指责赵盾背信弃义，时而跪在赵盾面前哀求。赵盾被穆嬴纠缠不下，又怕晋国人心不稳而出内乱，就改变了主意，放弃公子雍，按襄公遗愿立夷皋为晋国新君。公元前620年农历四月，公子夷皋继位，是为晋灵公。

士会、先蔑及秦国派的卫队护着公子雍，终于到达晋国边境，但赵盾不让公子雍进入晋国，还派兵打败了护送公子雍回国的秦国卫队，史称“令狐之役”。这次袭击事件也让刚刚即位不到一年的秦康公深感耻辱，怒不可遏，他发誓必报此仇。先蔑、士会莫名其妙地被卷入纷争，成为新君的对立方，无法回到晋国，只得双双流亡到了秦国。

二、士会归晋　封范获氏

士会返回晋国的原因和过程也充满故事性。几年后，为了报令狐之役战败之仇，秦康公出兵攻晋，双方之间的战争持续了很长时间。在著名的“河曲之战”中，士会为秦康公献计，使秦军成功地抵御了晋军，并在不利的势态下顺利撤退。这次战争虽无胜负，但让赵盾吓了一跳，他发现自己的坚守策略能够被突破，必定是秦国有能人。调查的结果证实了他的猜想，原来这个能人就是士会！士会在晋国多年，比晋国现在的许多大臣都更了解晋国的情况，如果让这样的人继续留在秦国，对晋国来说肯定是个大患。晋国上层经过讨论，一致认为应该让士会回到晋国。

公元前615年年末，晋国的霸主地位已岌岌可危，楚国、秦国分别在南、西两面对晋国形成战略攻势。楚国征服了蔡、陈、郑、宋四国，在河南地区对晋国占据了优势；而秦国也在西方顽强攻击晋国。此时，要想摆脱这种不利局面，必须有特别的人才。执政上卿赵盾想起了士会。在他心目中，士会“为人能贱（低调），有耻（有道德底线），柔而不犯（做事圆滑），其知足使（才智突出）”，是一个难得的人才。

为了让士会归国，赵盾也是煞费苦心。赵盾先用苦肉计把一个叫魏寿余的人“逼”得投向秦国，他的任务是去探听士会是否有归来之意。魏寿余了解到士会当年留在秦国是不得已而为之，并思乡心切，愿意回晋国。然后，魏寿余骗秦康公说要把自己在晋国的封地魏献给秦国，但是得派一个能和魏人交涉的晋人去才行，同时这个晋人最好在秦国的地位要高一些。当然，符合条件的秦国官员只有士会一个人。

于是士会和魏寿余整理好一切，以秦国使者的名义东渡黄河。回到晋国后，士会受到晋人的欢迎。此后，他为晋国发展做出了巨大贡献，成为晋国历史上的名臣。秦康公后来见士会一去不返才知道上了当，尽管恼怒，却很仗义，还把士会的家人护送回了晋国，让他们一家人得以团聚。

公元前599年农历六月，郑穆公（姬子兰）背叛了晋国，与成语故事"一鸣惊人"的主人公楚庄王（熊旅）结成联盟。晋景公（姬孺）十分生气，联合宋、卫、曹三国组成联军讨伐郑国，最终使得郑国再次屈服于晋国，这惹怒了楚庄王。冬季，楚庄王亲自率兵讨伐背叛他的郑国，晋景公则派士会率兵去救郑国。公元前598年，在颍北之战中，士会赶走了楚军，还组织诸侯联军帮助郑国防御楚军。因为此次大功，晋景公为他向周天子请冕服，周天子任命士会为卿，加范邑为采邑，并以范为氏。此后，士会被世人以其封地之名称为"范会""范武子"。

范武子是春秋时期著名的历史人物。

英雄豪杰的事迹不会湮灭，两千多年前的风云人物范武子在史书中留下了诸多事迹，为后人所津津乐道，或者成为他们前行的动力，或者成为他们追寻生命意义时的思想养分。

范武子是个治世能臣，这是他的同僚们对他的评价。

公元前593年，晋国闹灾荒，盗贼四起。当时的晋国执政上卿是荀林父（也称为“中行桓子”“中行伯”“荀伯”），他对此非常头疼，有人向他推荐了一个捕盗能手郤雍。这个郤雍创造过一天在集市抓住几十个小偷的纪录，小偷们听到他的名字就害怕。荀林父立刻召来郤雍，让他专门负责捕盗。郤雍很快有了成果。

晋景公听说这件事后很高兴。大臣羊舌职却不以为然地说：“郤雍很快就会死的！”晋景公不解地问：“为什么？”羊舌职说：“靠一个人来对付源源不断的不法之徒，怎么可能呢？只会招来盗贼们对他的报复。”羊舌职说得没错。没过多长时间，郤雍就在郊外被盗贼围攻而死。荀林父忧愤成疾，不久也死了。

晋景公赶紧请来羊舌职商量，到底用什么合适的方法能解决盗贼问题。羊舌职说：“要消灭盗贼，关键在于让人们懂得廉耻，不贪婪，不把抢东西多看成本事。您应该选一个有名望、守礼法、品格高尚的人，给他显耀的地位，让他来感化那些心存恶念的人。”晋景公赶紧问：“谁适合担当这个任务呢？”羊舌职说：“再没有人比范武子更合适了。这个人言而有信，行而有义，威而不猛，不卑不亢，谦虚谨慎。”

很快，范武子打了胜仗回到国内，升任执政上卿。他在晋国专务教化，卓有成效，以至于晋国的盗贼都不敢在本国待下去，而向西逃往秦国去了。

三、郤克受辱　范会让政

晋国大臣郤克（郤献子）跛脚。公元前593年，郤克出使齐国。齐顷公母亲听说后，就想看看他走路的样子。齐顷公接见郤克时在自己的座位后设置帷帐，让母亲和宫人们藏在帷帐后面偷看。他母亲看见郤克进殿时一跛一跛的样子，忍不住笑出声来。郤克感觉受到了莫大的侮辱，回国后当即请求出兵讨伐齐国，但晋侯没有答应。郤克怒气不息，除想着报复齐国外，再无心思投入晋国国事，甚至要求用自己私家的军事力量出兵攻打齐国。

范会很担忧，他对自己的儿子说："士燮啊，我听说，触犯他人的愤怒，一定会遭到荼毒。现在郤克的怒火很大，如果不让他把怒火对齐国发泄出来，那就一定会在晋国发泄。如果他不能得到主政的机会，又如何向齐国发泄呢？我打算交政给他，这样就能成全他的愿望，他的怒火就不会发泄在国内了。"

为了国家，范会做出一个令人肃然起敬的决定：自己告老，荐郤克为执政上卿。他还嘱咐儿子，要勤勉尽职，恭敬谦让。

四、武子之法　后人景仰

范武子去世二十多年后，晋悼公仍十分怀念范武子，在悼公四年（前569），悼公令人编修了著名的《范武子之法》。

在范武子身上，我们能发现哪些优秀品质呢？不妨先来看看两千多年前，在范武子死后不久，国人对他的评价。

赵文子与叔向游于九原，曰："死者若可作也，吾谁与归？"叔向曰："其阳子乎！"文子曰："夫阳子行廉直于晋国，不免其身，其知不足称也。"叔向曰："其舅犯乎！"文子曰："夫舅犯见利而不顾其君，其仁不足称也。其随武子乎！纳谏不忘其师，言

身不失其友，事君不援而进，不阿而退。”（《国语·晋语八》）

其大意是说：某一天，晋国执政上卿赵文子（就是赵氏孤儿——赵武）与上大夫叔向一起来到晋国卿大夫的墓陵之地九原游玩，一边散步一边品评前代人物。赵文子问叔向：“假如安息在此地的死者可以复生，哪一位值得我们与他交往呢？”叔向回答说：“那应该是阳子（阳处父）吧！”赵文子却摇摇头说：“在晋国，阳子这个人算得上清廉正直，结果不免被杀，他的智慧不足称道啊！”叔向又说：“那就是舅犯吧！”赵文子还是摇头说：“舅犯看见有利可图的事情就会忘记国君，他的仁义不足称道。要我看啊，这个人应该是范武子！范武子在纳谏时不忘称引其老师，在说起自身时不忘朋友的帮助，在侍奉国君时公正达理，既不因为个人的关系而援引庸才，又不屈从国君的厌恶而斥退贤良。”

看到这段材料，再对照后面范仲淹为人为官的言行，我们惊奇地发现，范仲淹与范姓始祖范武子在许多方面实在是非常相像。

再引用晏婴的评价来帮助我们认识范武子。晏婴是齐国重要的大臣，他也服膺于范武子的能力和胸襟气度。

公元前522年，齐景公久病不起。他身边有两个佞臣，一个叫梁丘据，一个叫裔款。这二人向国君进谗言，陷害大夫祝固与史嚣。他们说这两位大夫向鬼神说了国君坏话，国君才会久病不起，建议齐景公杀死祝固与史嚣。齐景公拿不定主意，便咨询上大夫晏婴的意见。晏婴引述二十四年前赵武子称赞范武子的话，讽谏齐景公要坚行德政等。齐景公听后心悦诚服。

综上所述，不难看出，在整个春秋中晚期的历史上，范武子是一位获得各诸侯国广泛好评的杰出政治家、军事家，是一位君子式的人物。范武子的后裔子孙中，有的以先祖名号或封邑名称为姓氏，称范氏，世代相传，史称范氏正宗。2006年，范武子墓在河南范县高码头乡老范庄被发现。

其实，不必介意这样的追认能不能找到直接的证据，对于范氏家族来说，把范武子这样一个君子典范奉为先祖，是这个家族甚至是整个中华民族灵魂和价值标准的体现。我们要传承的不仅仅是血脉，更是祖先身上“纳谏不忘其师，言身不失其友，事君不援而进，不阿而退”的嘉言懿行。

五、范氏教子　谦让为先

《国语》中还记载了一个小故事，是范武子教导儿子的故事。范武子的儿子是范燮，史称范文子。

> 范文子暮退于朝。武子曰：“何暮也？”对曰：“有秦客廋辞于朝，大夫莫之能对也，吾知三焉。”武子怒曰：“大夫非不能也，让父兄也。尔童子，而三掩人于朝。吾不在晋国，亡无日矣。”击之以杖，折委笄。（《国语·晋语五》）

其大意是说：有一天，范燮很晚才退朝回家。他的父亲范武子就问他：“今天为什么回来这么晚啊？”范燮回答说：“今天有位客人从秦国来，他在朝堂上讲隐语，大夫们没一个人能答出来，我知道并说出了其中的三条。”范武子一听，非常生气，说：“大夫们并不是回答不出来，而是出于对长辈父兄的谦让，想把荣耀让给别人。你是个年轻的后辈，居然在朝中三次抢先。如果不是因为我在晋国，你早就遭殃了。”然后就拿起手杖责打范燮，把他玄冠上的簪子都打断了。

伟大的人物都是纯朴而谦逊的。范武子教育刚刚为官从政的儿子，不可急于争功，要懂得谦让。那么，范燮到底有没有接受父亲的谆谆教诲呢？来看一个故事，讲的是“范文子循礼让功”。

晋师归，范文子后入。武子曰：“无为吾望尔也乎？”对曰：“师有功，国人喜以逆之，先入，必属耳目焉，是代帅受名也，故不敢。”武子曰：“吾知免矣。”

郤伯见，公曰：“子之力也夫！”对曰：“君之训也，二三子之力也，臣何力之有焉？”范叔见，劳之如郤伯。对曰：“庚所命也，克之制也，燮何力之有焉？”栾伯见，公也如之。对曰：“燮之诏也，士用命也，书何力之有焉？”（《左传·成公二年》）

其大意是说：晋国军队打了胜仗回国，范文子最后回来。其父范武子说：“你不知道我在焦急地盼望着你归来吗？”范文子说：“这次打了胜仗回来，国内的人们高兴地迎接军队，我要是先进城，一定会引起人们的注意，好像是代表统帅接受荣誉，因此我不敢在先。”范武子说：“你懂得这样谦让，我认为可以免于祸害了。”

后来他们受到晋国国君接见，晋景公先对郤伯说：“这是您的功劳啊！”郤伯回答说：“这是君王的教诲，是诸位将帅的功劳，臣下有什么功劳呢？”范燮觐见，晋景公像对郤伯一样慰劳他。范燮回答说：“这是荀庚的命令，郤克的节制，我有什么功劳呢？”栾伯觐见，晋景公也如同慰劳郤伯他们一样慰劳他。栾伯回答说：“这是士燮的指示，士兵服从命令，栾书有什么功劳呢？”

功劳面前，不争不抢；国君夸赞时，不沾沾自喜。范文子的言行做到了父亲的要求，成为受人尊敬的真正君子。

六、文子重“戒”

赵氏孤儿赵武长大了，举行加冠礼后，依照仪礼去拜访晋国各位大夫，各位大夫祝贺他，且都对他有所劝勉，其中也有范文子。

范文子的劝勉语最长，但核心只有一个字——戒。他说：“从今以后，你要做到‘戒’。当遇到国君的恩宠时，贤良的人会更加约束自己，不贤之人则会自骄。所以，有能力使国家兴盛的国君会奖赏谏臣，而贪图安逸的君主却会惩罚谏臣。我听说古代王者，即使国家已经治理得很好了，还要听取民众意见。于是就派专人在朝廷上诵读前代的劝谏良言，让公卿至列士献谏诗以不使自己被眼前的事物所蒙蔽，到集市上听商旅之人的各种言论，在歌谣中辨析吉凶，在朝堂上考察百官职事，在道路上了解人们的评价，有偏差错误就改正，这就是‘戒’的全部做法。古代先王以骄为最应该极力避免的事情。”

范文子教诲的直接对象虽然不是自己的子孙，但我们仍然可以把这段话视为他安身立命的原则，也必然是他教导家族后辈的重要内容。我们可以分析他的教育核心概念——戒。“戒”是个会意字，其小篆字形上面是“戈”，下面字形像两只手。两手持戈，表示戒备森严。此字的本义是警戒、戒备。既要时时警惕自己内心可能出现的骄怠，也要戒备自己行为上的偏差。作为大臣，要做到遇宠不骄；作为统治阶层的一员，要多方听取意见，及时改正错误。正如《诗经》所云："战战兢兢，如临深渊，如履薄冰。"范文子所强调的"戒"正是一种内外双修的功夫。

范武子教导范文子要学会谦让。范文子谨记父亲教诲，把谦让作为一项重要的品德来教育自己的儿子范匄。范匄，也称范宣子。

公元前575年，在鄢陵之战中，楚国军队逼近晋军，战况复杂，晋军将士很焦虑，聚在一起商讨办法。范匄忽然上前越职言事，说："我们把炊灶拆了，把水井堵上，跟敌人决一死战！这样的话，敌人除了撤退还能有什么办法？"

范文子一听，拿着长矛追过来把鲁莽出言的儿子给赶了出去，一边赶一边说："国家存亡，这是天命，哪是你小孩子知道的？况且，没轮到你你却争着说，这是虚伪狡诈，会给你带来杀身之祸的。"

七、范宣子论"不朽"

鲁襄公派叔孙穆子到晋国聘问，范宣子向他咨询说："百姓有句话叫'死而不朽'，这是什么意思呢？"穆子没有作答。范宣子说："过去我的远祖，在虞舜之前为陶唐氏，在夏朝为御龙氏，在商朝为豕韦氏，在周朝为唐杜氏。周王朝衰落之后，晋国成为诸侯盟主，我们又为范氏。'死而不朽'大概说的就是我们范氏这种情形吧！"穆子回答说："根据我听过的说法，这叫作世代享有禄位，并非死而不朽。鲁国先大夫臧文仲，人虽然死了，但其言论还立于后世，这才叫作'死而不朽'。"

家臣訾祏死了，范宣子对儿子范鞅（范献子）说："鞅啊！以前我身边有訾祏为谋士，我每天都要咨询他，来辅佐晋国，同时治理咱们家族。现在我看你，独当一面还不行，又没有可以商谋的人，你打算怎么办呢?”

范献子说：“我啊，平日处事要恭敬谨慎，不苟且，不图安逸。认真学习且爱好仁义，遵循正道，妥善理政，有事和大家一起谋划，而不是以此讨好，自己的想法即便是很好，也不敢自以为是，一定要遵从长者的意见。”

范宣子听后很满意，说：“这样你就可以免除祸患了。”

八、范献子论“人不可以不学”

范献子到鲁国聘问，问到具山和敖山，鲁人用这两座山所在的地名来作答。范献子问：“它们不是叫作具山、敖山吗?”

鲁人回答说：“这两座山的名字是我国先君献公和武公的名讳。”

范献子听后很惭愧。回到晋国告诫他所认识的人说：“人不可以不学习礼法。我到鲁国居然称呼两位先君的名讳，让人见笑了，这都是因为我不学习呀。人有学问，就好像树木有枝叶一样。树木有了枝叶，就可以用来为人遮阳庇护，更何况君子有学问呢?”

范武子是范氏得姓第一代，经过了第二代范文子、第三代范宣子，到范献子时已经是第四代了。范氏在晋国的地位如日中天，只是范献子已经开始失去范武子谦和、戒慎的家风。

《国语》中有一个故事，明白道出了范家的权势和范家人的傲慢。范献子的妹妹嫁给了晋国大夫董叔。婚后两夫妻闹别扭，妹妹就来找哥哥范献子告状，说丈夫对她不尊敬。这原本是小夫妻的家务事，当哥哥的劝劝也就可以了。可是范献子大怒，把妹夫绑了起来，吊在自家院里的槐树上，任人取笑。

失去了谦和、戒慎的家风，范氏在风云变幻的春秋时代也渐渐失去了活力，离覆亡不远了。

九、范氏入齐

范氏第五代是范献子的儿子范昭子，史称范昭、范吉射。范昭子曾被晋平公派到齐国打探情况，结果被齐国的晏婴识破。晋定公十五年（前497），他与荀寅共同讨伐赵鞅。后来被晋定公击败，逃到朝歌（今河南淇县），又被赵鞅围困，只好与荀寅一起逃到了齐国。

晋国范氏从范武子开始，成为晋国六卿之一，显赫一时，历范文子、范宣子、范献子、范昭子五代后，终为赵氏所灭。韩、赵、魏三家分晋，范昭子出奔齐国，范氏的其中一部分成员归事魏，范氏后裔范痤曾贵为魏相。延至战国末年，又有范氏裔孙范雎“避魏齐之难，变姓名为张禄先生，入秦为丞相应侯”。从此，范氏更加分散。

第四节 春秋至晋 范氏名人

一、范蠡

范蠡，原是春秋末期越国的大夫，辅佐越王勾践二十余年。他在帮助勾践完成复国大业后，弃官不做，带着全家人定居于陶，改名“陶朱公”。陶朱公经商有道，很会用人，没过几年便成了天下巨富。据说，他曾在十九年间三次赚到千金，但三次都把钱散给众人。陶朱公富甲天下，主张诚信经商，因此被后世商人尊为祖师。

二、范雎

范雎，本是战国时期魏国中大夫须贾的门客，因被怀疑私自为齐国服务出卖魏国，差点儿被魏国相国魏齐鞭笞致死。后在郑安平的帮助下，范雎化名“张禄”，偷偷跟着秦国使者王稽来到秦国。

范雎见秦昭王，向秦昭王提出“远交近攻”的策略，抨击穰侯魏冉越过韩国和魏国而进攻齐国的做法。他主张将韩国、魏国作为秦国兼并的主要目标，同时与齐国等保持良好关系。秦昭王拜范雎为客卿。之后，范雎又提醒昭王，秦国的王权太弱，需要加强。昭王采纳其建议，遂于公元前266年废太后，并将国内四大贵族赶出了函谷关，拜范雎为相。

范雎为人恩怨分明，在秦国掌权后一一报复曾经害过他的人。他先是羞辱魏国使者须贾，之后又迫使魏国相国魏齐自尽。他又举荐郑安平出任秦国大将，王稽出任河东守。

公元前262年，长平之战爆发，两军对垒三年后，范雎以反间计使赵国起用无实战能力的赵括代替廉颇为将，使得白起大破赵军。长平之战后，范雎妒忌白起的军功，借秦昭王之命迫使白起自杀。

此后秦军遭诸侯援军所破，郑安平降赵。公元前255年，王稽因通敌之罪被诛。范雎因此失去秦昭王的宠信，不得不推举蔡泽代替自己的位置，辞归封地，不久病死。

三、范增

范增是秦末项羽的谋士，居鄛（今安徽桐城南）人。秦末农民起义爆发后，秦二世二年（前208），范增投奔项梁，陈明利害，劝项梁立楚王后裔为楚怀王，以从民望。后范增归属项羽，为其主要谋士，封历阳侯，被项羽尊为“亚父”。汉高祖元年（前206），范增随项羽攻入关中，劝项羽消灭刘邦势力，未被采纳。后在鸿门宴上他多次示意项羽杀刘邦，又使项庄舞剑，意欲借机行刺，终因项羽优柔寡断，项伯从中干扰，未获成功。

汉高祖三年（前204），刘邦被困荥阳（今河南荥阳东北），用陈平计离间项羽和范增的关系。项羽中计，猜忌范增，并削弱其权力。范增辞官归故里，病死于途中。

四、范明友

范明友，西汉大将，是西汉名臣霍光的女婿。汉武帝晚期范明友开始受到重用，是昭帝、宣帝时期镇守北方重要的将军之一。开始他以羌骑校尉的身份随鸿胪田广明、军正王平平叛益州羌人谋反，斩首及俘虏三万余人，获牲畜五万余头。后来他升为中郎将，又被封为度辽将军。他多次讨伐匈奴、乌桓，并取得一定成果，被封为平陵侯。后来匈奴呼韩邪单于内附，与范明友的多次讨伐有关。宣帝继位，封范明友为关内侯。

范明友是一位颇能打仗的将军，在对匈奴、乌桓、羌的战争中都取得了胜利，也得到了朝廷一定的嘉奖。但是宣帝重用亲信，排除异己，范明友没有像其他人升职那样快，引起了范明友的不满。最后一次出征匈奴，自己并没有功劳，而犯错的两个将军被处决，范明友未免自危。在霍后被废、霍禹造反的时候，范明友参与其中，并最终被杀。

《史记·建元以来侯者年表》载，范明友生于陇西郡一个“世习外国事”的家庭，说明他家数代都是参与处理少数民族事务的官吏。但他的祖辈、父辈只是小官吏，给郡太守当助手。据此推测范明友可能是陇西郡治狄道（今甘肃临洮）人。狄道，在周之前称陇西邑，战国、秦朝时称狄道。公元前279年，秦昭王始设陇西郡，郡治就在狄道。

后来，范明友的子孙大部分迁到了南阳。

五、范滂

范滂，是一个让范姓后人引以为傲的名字。他是东汉清议名士中最有性格、戏剧性最强的一个人，也是后世顽者廉、懦者立的榜样。

东汉后期，宦官专权，政治黑暗。李膺、陈蕃等有识之士起而反对，激浊扬清，却被宦官及其党羽指为“党人”而被下狱致死。受此株连而被关被贬，或被禁锢终身，或永不得再出仕为官者不计其数，史称“党锢之祸”。在这场政治斗争中，嫉恶如仇的范滂也遭到了宦官集团的杀害。

范滂年轻时就非常注重品德修养，为人清廉，刚正不阿，不畏强权，深受州郡和乡里人的钦佩。有一年，范滂被任命为清诏使巡视冀州。他所到之处，公正执法，有错必纠，有罪必罚。平日里贪污腐败的官员一听说范滂到了，不少人吓得扔下官印溜之大吉，百姓无不拍手称快。

建宁二年（169），汉灵帝大肆诛杀党人，下诏令急捕范滂等人。督邮吴导带着诏书来到范滂的家乡，竟趴在驿馆的床上痛哭。范滂知道后说：“他一定是因为我才这样的！”他不愿让吴导为难，立即去官府投案。县令郭揖大惊，解下了自己的官印绶，要和范滂一同逃跑。范滂说：“我死了，大家的祸患就终结了。”在被押送京城之前，范滂对前来送别的母亲说：“希望母亲大人忘掉这难以割舍的深情，不要哀伤。”母亲说：“你能够与李膺、杜密这些贤人齐名，死了又有什么遗憾！”范滂跪下，向母亲叩头告别。

数百年后，年幼的苏轼听母亲读范滂的故事，难掩内心的激动，抬起头认真地对母亲说：“我长大了要做范滂那样的人。”范滂的精神印在苏轼的心中，也印在中国文人的铮铮傲骨上。

六、范晷

范晷，字彦长，南阳顺阳（今河南淅川）人。西晋大臣、东晋大儒范宁的曾祖父。范晷年轻时曾经到清河（今属河北）求学，并在清河短暂定居。

在清河求学期间，范晷就被当地郡守任命为五官掾。五官掾相当于郡守的助手，在西晋时期是可以由郡守直接任命的官职。由于在五官掾位置上成绩斐然，范晷获得朝廷的青睐，被朝廷任命为河内郡郡丞。

范晷政务勤勉，奉公守法，深得河内郡太守裴楷的赏识。慧眼识英才的裴楷遂将范晷推荐到朝廷做了侍御史。进入朝廷的范晷如鱼得水，在仕途上一路高歌猛进，不久调任冯翊（今属陕西）太守。在冯翊太守任上，范晷继续大展宏图，其显著政绩为朝廷所赏识，不久被任命为少府，主管宫中财物。

之后，范晷的仕途一路凯歌，先后任凉州刺史、雍州刺史。范晷任凉州刺史和雍州刺史期间，西北地区常遭少数民族侵扰，百姓生活困难。范晷一方面协助朝廷平息叛乱；另一方面对百姓“倾心教化”“悉心引导”，带领百姓种田养蚕，百姓安居乐业。范晷因此在西北地区有很好的口碑。范晷历任朝廷要职，元康年间，加封为左将军。

第五节 望出高平 支脉播迁

一、范仲淹为何称“范高平”

范仲淹的不少文章中自称“高平范某”，范仲淹有时也被称为“范高平”。那么，“高平”是什么意思？要明白这一点，得说说中国的郡望和堂号。“郡望”，顾名思义，就是郡中为众人所仰望的显贵家族，后来又指一个姓氏或者家族的根源所在。所以，在中国古代，郡望既是一个姓氏发祥地的标志，又是一个姓氏的主要聚居地的代称。

唐宋时期规定，朝廷赐官员封爵时，封号用他的“本望”。所谓本望，就是郡望。宋代的异姓封爵分公、侯、伯、子、男五等，凡爵号均有“开国”二字。公、侯以郡为爵号，伯、子、男以县为爵号。大臣的母、妻封号自国夫人而下分郡夫人、郡君、县君，爵号亦以地名而定。宋代封爵不封邑，只以实封户数折算为钱，但仍保留以地名为爵号。爵号与本人的联系，就在于姓名。封为某地爵号的依据之一，就是姓。宋真宗咸平四年（1001），朝廷下诏，群臣母、妻所封郡县，依本姓望封，就是以姓望作为爵号。我们可以看到一个实例，范仲淹的侄女范氏——嫁到了周家，她死后的封号是“高平县太君”。这再次证明，在北宋，范姓的郡望是“高平”。

二、“高平堂”之高平在何处?

“高平堂”是范姓主要的堂号，甚至可以说，“高平”是范姓的代名词。翻看当代的范氏族谱类文章，发现几乎都说不清楚祖先引以为傲的“高平”到底是哪里，甚至出现把几个地方混在一起的情况。《范氏宗谱》中说，高平是范武子的采邑和范武子后裔居住的地方。西汉置高平县（今宁夏固原），三国魏废，十六国时期复置。北魏初改为镇，后又置县，西魏末改平高县。（不过书中随后的文字自相矛盾，一会儿说高平在宁夏，一会儿说在山西，后来又跑到山东去了。）

还有一种说法是，士会被封为高平侯，因以高平为郡。[①]春秋时期，一个诸侯国的家臣是不可能封侯的，此说法显然是错误的。也难怪，历史上叫“高平”的地方确实有好几个。

第一个高平，是范武子的采邑——高平之地。晋国灭了周边几个狄人国家后，把一部分新得的土地封给功臣。范武子得到的就是高平之地，地点应在今山西高平市一带。范氏在晋国被赵氏灭亡之后，三家分晋，高平之地归赵国，即长平。

第二个高平，即秦时的上党郡，南北朝时改为高平县。范吉射走后，可能有一部分范氏人员留下来没走。据推测可知，没走的应该属于支系。

---

① 范红钢主编：《范氏宗谱》（上），第26页。

第三个高平，位于山东的高平郡。范吉射率家族逃到齐国之后，为不忘家族本源，把侨居地称为“高平”。西晋泰始元年（265）改山阳郡为高平国，十六国后改为郡，在今天山东巨野一带。

不管哪一个“高平”都是范氏后人对得姓始祖范武子的认同，但如果说到郡望，应该是第三个。西晋时范氏的望族在高平郡。

第二章

我先本唐相　子孙志四方

范仲淹的家谱可以追溯到唐朝，“我先本唐相，子孙志四方”说的就是唐朝宰相范履冰。范履冰被范仲淹及其后人尊为谱系始祖。

第一节 谱系始祖

在苏州范氏族谱中，唐朝宰相范履冰是家族的另一个荣光。提起这位祖先，范仲淹也是一脸骄傲。在苏州做官时，他曾经访察家族源流，并重修家谱。他说我们过去是有家谱的，家谱上的的确确记载范履冰是我的祖先。

那么，范履冰是个什么样的人，竟让后人范仲淹如此引以为豪呢？

范履冰，怀州河内（今河南沁阳）人。唐高宗显庆元年（656）登第。历任知县、知州。唐武则天垂拱年间（685—688）历任鸾台、天官二侍郎，寻迁春官尚书、同凤阁鸾台平章事（宰相）。

范履冰做宰相时，忠谏敢言，不畏权势。他眼看着武则天想要篡夺李唐皇室的天下，内心忧虑急切。魏元也是宰相（唐朝实行群相制）。魏元和范履冰两人政见相同，关系亲厚。范履冰私下对魏元说："唐室看来要衰败了，支持武后的人越来越占有优势，很快武后就会篡位，天下可就危险了啊。”魏元说：“我们先观察一段时间吧。况且当今睿宗皇帝，看起来聪明有才识，但他到底有什么能力，还很难判断。等合适的时机劝谏吧。”范履冰说：“君上不明，臣子没有秩序，恐怕我们没有时间等待。”魏元曰：“武后还没有明确篡位行事，如果武后真的逆天行事，肯定容不下李氏皇室。我们得好好想办法。”范履冰曰：“仅如命。”

垂拱四年（688），范履冰上书睿宗皇帝，劝他任用贤能，罢黜贪官，为富国强兵之策，睿宗没有采纳。接下来，武则天更加强势，把永昌元年改为载初元年。范履冰认为这很不正常，再次上书劝谏。

武则天要从李家皇帝手中夺取皇位，范履冰效忠于李氏皇族，不屈从于武氏，最终被武则天当作反对力量而杀掉。载初元年（690）五月，范履冰被处死。九月，武则天改国号为周，年号改为天授。

范履冰，一代栋梁之臣，忠心为国，在武后权力遮天、冒犯必有一死的情况下，义无反顾多次进谏，其勇气、胆识和气节留在史书，传于后世，成为忠谏直士献身以保全名节的榜样。

根据记载，范履冰共有三子。长子名叫范冬芬，字天香，号邦瑞，中过进士，唐玄宗时担任宣州刺史。次子名叫范冬倩，移居徒州。三子名叫范冬昌，景云二年（711）登第，官授朝奉大夫、经略安抚史。

安史之乱后，河内范氏一族纷纷渡江南下。范氏家谱记载，范冬芬生范昆光，范昆光生范正始，范正始生范远，范远生范隋。范隋就是范仲淹的高祖。

总之，唐朝时期的范家，繁荣过、昌盛过，也不可避免地衰落了。当追溯祖宗先辈前尘往事时，范仲淹可曾击节赞赏？可曾掩卷叹息？尘封的书卷中，范滂可曾给予他勇气？范履冰可曾给予他动力？这一切统统不可知。

我们知道的是，对于祖先，范仲淹是尊敬的。他位居高位后曾说，我现在能够位高名显，与祖宗积德是分不开的。因此，我要报答祖宗的方式就是以祖宗之心对待族人。尽管这些族人跟我范仲淹的血缘关系有的近些，有的已经很疏远了，但在祖先眼里，他们都是自己的血脉延续，关切的心情是一样的。如果我和我家人独享富贵，不管宗族里有的人家日子过得穷困潦倒的话，就实在是太对不起祖先了。这是范仲淹“恤宗族”思想和行为的重要出发点。

第二节 范氏南迁

在范履冰的六世孙中有一个人名叫范隋，家住在幽州（今北京市一带）。唐懿宗时，范隋担任幽州良乡县（今北京市房山区良乡）主簿。

后来，范隋被调到处州丽水县（今浙江丽水）担任县丞，他带着家人从北方来到温暖的南国任职。他本来打算在任职期满后就返回故乡幽州，并没准备留下来，不料却未能如愿。唐末农民起义之后，中原战乱，南北交通阻隔，返乡的路遥远而危险重重。范隋就带着全家人来到苏州吴县定居下来，成为吴县范氏的始祖。范隋是范仲淹可以找到的最确切的直系血缘祖先。

范仲淹曾经见过唐朝皇帝颁给范隋的诰书。

范隋之后的几代情况如何？多数文献记载："隋生梦龄，梦龄生赞时，赞时生墉。"根据《范氏家乘》的说法，范隋有两个儿子：范梦龄和范均。范梦龄有五个儿子：范禹谟、范浩谟、范光谟、范赞时、范侯谟。

范隋像

范赞时有四个儿子：范坚、范埛、范墉和范埙。范墉是范仲淹的父亲。

在范仲淹之前，苏州范氏只是个普通的家族，没什么了不起的家业和功业，所以这一段的谱系并不十分明确，整个宗族尽管人数众多，却比较寒微。

五代时，范仲淹曾祖父范梦龄，“以才德雄江右”，在吴越国任“中吴节度判官”，即苏州粮料判官。后来，因范仲淹显贵被宋朝追赠为太师、徐国公。

范仲淹的祖父范赞时，九岁童子出身，历官朝散大夫、检校少府少监、秘书监。著有《资谈录》六十卷。庆历三年（1043），以范仲淹为参知政事，祖父范赞时被追赠为太子太傅，第二年被追赠为太傅，后以范纯仁为同知枢密院事，又被追赠为太师、曹国公。元符三年（1100），被追赠为唐国公。妻陈氏，先后被追封为许国太夫人、韩国太夫人。

第三节 生父范墉

一、吴越旧臣归宋主

范仲淹的生父名叫范墉，是范隋的后人。范墉的父亲名叫范赞时，范赞时的父亲名叫范梦龄，范梦龄的父亲就是苏州吴郡范氏的始祖范隋。

从范隋到范墉，中国经历了从唐末动乱到五代十国纷争，再到宋朝建立，统一中原、平定南方的过程。范墉原本在吴越国钱氏朝中做官，后来吴越王举国归宋，范墉成为宋臣。

吴越国的开国之主是钱镠，有"海龙王"之称。钱镠曾参加过镇压黄巢起义，并由此起家。893年，钱镠被唐昭宗任命为镇海节度使。896年，钱镠因讨伐越州有功，兼任镇海、镇东两军节度使。907年，钱镠被封为吴越王，建都杭州。吴越的势力范围只有十三州的土地，国力弱，为了抵抗吴国的压制，钱镠不得不向北方朝廷称臣、纳贡。吴越国内局势稳定，少有战争，农业和手工业发达，经济较为繁盛。978年，吴越的第五代王钱俶向北宋表示降服。从钱镠建都杭州到钱俶降于北宋，吴越共历七十二年。

全盛时期吴越国的疆域包括今浙江及江苏东南部、福建东北部。吴越国与南唐为世仇，但实力弱于南唐，所以在五代十国的乱世中，一直以“善事中国”和“保境安民”为国策，通过臣服中原王朝的方式来抗衡南唐。钱镠是五代十国乱世中寿命最长的皇帝，活了八十一岁。据说，他临终时曾嘱咐子孙“要度德量力而识时务，如遇真主，宜速归附”，就是说，如果在中国出现统一的形势时就要迅速放弃割据。所以，在宋太祖登基后，一直遵循先祖遗训的钱俶马上派使者北上向宋朝称臣纳贡，始终对宋朝采取恭顺的态度，所以宋太祖赵匡胤对他礼遇有加，以此来牵制南唐。建隆元年（960）二月，宋朝封吴越国国王钱俶为天下兵马大元帅。三月，钱俶派使者带着御服、锦绮、金帛来开封祝贺宋太祖即位。此后，钱俶关注时势变化，深知自己无力抵抗新兴的宋朝，为能保全祖宗所传家业，只得小心侍奉宋朝，并不断派儿子到开封入贡。其实就相当于做人质，好让宋朝天子放心。随后在宋与南唐的战争中，吴越国站在宋太祖这边，宋与吴越联手攻灭南唐。此后，在宋太祖邀约下，976年，钱俶带着妻、子来到开封觐见。此次北上入朝，吴越国中一片惊恐，都以为钱俶此行必定凶多吉少。尽管大臣们纷纷上奏请求扣留钱俶，宋太祖却并未食言，过了两个月放钱俶回到了吴越国。此行，让钱俶明白了一件事，宋太祖其实是希望他能主动献出国土。然而不久宋太祖去世，其弟赵光义继位，即宋太宗。

太平兴国三年（978）三月，钱俶第二次至开封觐见新天子，贡献巨额金帛宝物，希望能取悦新天子，好让他同意吴越国维持原状。但宋太宗与兄长不同，虽然对钱俶热情招待，但就是不提让他归去之事。之后，形势的变化对他保持吴越国现状的期望越来越不利，他只得按宋太宗的心意，献出吴越国十三州一军——“三千里锦绣山川”及“十一万带甲将士”给宋朝，以求“保族全民”，史称“钱俶纳土”。因钱俶主动纳土，使吴越国和平归入宋朝，军队和百姓没有任何人员、财产损失，如此才会有苏杭、江浙在宋代的繁华和当地百姓的富足安乐，这个功德会被历史永远记载。

范家在苏州，属于吴越国。范仲淹的祖父范赞时、父亲范墉都在吴越国为官。978年，即太平兴国三年，钱俶率领大臣北上拜见宋朝皇帝，送表归服。宋朝皇帝大喜，封官加赏。吴越国的一些官员成为大宋朝官员，要接受宋朝的任免调派。范墉就是其中之一。

二、三任掌书记

根据专家们的考证，范墉三次担任掌书记之职。掌书记是个什么官呢？

掌书记，全名为节度掌书记，相当于专职的高级文字秘书。唐代节度使府有“掌书记”一职，掌管朝见皇帝、官员来往事宜，祭祀、祈祝所需的各种文字的撰写，兼管军队号令及官员升降事宜。能够担任掌书记职位的，大多数是有名的文士或科举出身者等，掌书记担任时间长了往往会被推荐入朝为官。从这点来推测，范墉应是一位读书出身并富有才学的文人，其家族可能也是很重视子孙读书的。

范墉入宋十二年后去世。可能是在988年，归宋的钱俶在开封去世后，范墉开始被派往地方任职，分别在成德军（即真定府，今河北正定）、武信军（即遂宁府，今四川遂宁）、武宁军（即徐州，今江苏徐州）担任掌书记。

990年，范墉病死在了徐州任所，妻子谢夫人和年仅两岁的幼子范仲淹扶灵柩南归。六十二年后，范仲淹于徐州病逝。范墉从南国的家乡到陌生的北地做官，在每个地方待的时间也不长。范墉总是处于人生地不熟的境地，加上又是新归顺的臣子，他的日子恐怕不会太好过。

总之，简单说来，北宋建立，范墉随吴越王钱俶投宋，先后任成德军和武信军节度掌书记，宋太宗端拱二年（989）调任武宁军节度掌书记，于淳化元年（990）卒于徐州任上，归葬于苏州故里天平山祖茔。

三、范墉的妻与子

范墉有两任妻子。前妻为陈氏，后来因为范仲淹功勋卓著被追封为越国太夫人、楚国太夫人、周国太夫人。苏辙写的诰词上说她“徽柔靖恭，信顺慈孝”。陈夫人生了四个儿子，一子仲温，一子仲镃，另两个儿子因为早卒，没有留下名字，仲镃也去世得比较早。陈夫人死后，范墉娶谢氏为继室，谢夫人仅生一子，即范仲淹。

陈夫人、谢夫人可能都是苏州人。民间也有一些不同的说法，比如有的人说，谢夫人是今山西高平人，是范墉在山西任官时娶的。古代，很多男子即便在外做官，不少留恋家乡的士人往往还会在同一地域、家族背景大致相似的范围内择偶，北宋初苏州有“丁陈范谢”四家，四家的祖先曾是同事，经历相似，阶层相当，几家之间世代通婚。范仲淹的母亲谢氏和嫡母陈氏，都是四大家族内部的通婚之例。

那么，范仲淹的名字是谁取的呢？是生父范墉还是他改回范姓时自己取的？这个小而有趣的问题，其实也是值得探讨的。笔者认为，“范仲淹”这个名字是范墉起的。《礼记·檀弓》称：“幼名，冠字。”注家解释说：“始生三月而加名，故云幼名；年二十有为父之道，朋友等类不可复呼其名，故冠而加字。”也就是说，孩子出生三个月，就要由父亲给他取名，而字则是要到二十岁左右，年岁大到可以做父亲时才起的。

范墉是个读书人，自然会遵照习俗给儿子取名，所以，“仲淹”这个名字应该是他为儿子取的。“仲”是辈分用字，而“淹”字则有“广博、深入”之义，不知道范墉在喜得贵子时，对初生婴儿的未来寄托了什么样的期望。无论如何，儿子一生的成就、千古的功业都超出了他的猜测。他的儿子不仅是一位广博通达的一代文士，还是一位出将入相的一代名臣，更是一位名垂千古的圣贤。

不过，范仲淹出生在哪里呢？是家乡苏州，还是徐州，抑或是另有出生之地？这个疑问带出了更多的隐情。

范仲淹生于徐州吗？宋朝以后的很多书中言之凿凿说范仲淹出生在徐州，证据是范仲淹的父亲在徐州做官时死于任上，母亲谢氏带着他南归苏州，范仲淹当年只有两岁。

可是，如果范仲淹的父亲在徐州的任期未到两年呢？如果他的任官地不止徐州一处呢？也就是说，如果范墉是在小儿子出生以后，才带着妻儿调到徐州做官，那么小儿子的出生地当然就不是徐州，而是之前任职的地方。事实恰恰和我们的推测完全一致，到徐州之前范墉曾在真定任职，小儿子范仲淹就出生在那里。其实细细翻看《范仲淹全集》，就会发现范仲淹亲笔写下了自己生于真定的证据。好友韩琦调任真定做官，范仲淹给他的一封信中明明白白地写着："真定名藩，生身于彼。"

真定是现在什么地方呢？就是现在的河北正定。只不过，范仲淹出生不久即随父母离开，再也未曾回去过。那里也没有留下关于他的任何遗迹。毕竟，谁也不会料到，小小掌书记范墉家添的那个小男娃，日后会誉满天下，名垂后世。

四、谢氏改嫁

范墉在徐州去世时，范仲淹只有两岁，跟着母亲谢氏扶着父亲的灵柩回到了老家苏州。不知道接下来，他和母亲度过了一段什么样的岁月，总之，后来年轻守寡的谢夫人带着四岁的儿子范仲淹改嫁，开始了新的生活。她的新丈夫名叫朱文翰，当时在苏州担任推官，任职期满后携新夫人和继子回到故乡山东。

关于谢夫人为何改嫁，流传有不少版本。一是说，范仲淹母子被范墉的正室夫人陈氏所逼，无法在苏州范家立足；二是说，孤儿寡母，生活无依无靠。

先说第一种，正室逼迫说。这种说法认为，范仲淹母亲谢氏是范墉的妾室，随着范墉历官各地，但是在苏州家中掌权的则是正室陈夫人。陈夫人也生了几个儿子。谢氏回到苏州后，遭到陈夫人的排斥和虐待，使他们母子二人无法在范家生活下去，最终谢氏被迫带着儿子改嫁离开。这种说法故事性很强，很有感染力，只是这并非事实。陈夫人确有其人，确实是范墉的发妻，但是范仲淹母子绝不可能受到陈夫人的虐待，因为陈夫人去世比范墉还要早。

第二种说法极力述说谢夫人丧夫后，独立抚养儿子的艰辛，为了儿子委曲求全作出改嫁的决定。后人的叙事无非是从后世理学观念的角度上，在妇女改嫁不合世俗的前提下进行的文学加工，把谢夫人的改嫁演绎成悲情戏，强化伟人范仲淹身世之凄惨。考察北宋时期，女子再嫁的情况相当多，世人对于妇女改嫁的认知与后来大不相同，妇女为丈夫终身守节不再嫁的观念并没有成为一种被普遍接受的准则。

根据专家们的研究，宋代女性的社会角色并不局限于“三从”的规范。“依据‘三从’之道，妇女在自幼至老的人生各个阶段和扮演各种家庭角色时都毫无例外地处于从属、服从地位。然而，如果我们揭开历史的面纱，认真审视一下它的真实面貌，就会发现事实并不尽然，妇女并非永远的服从者、卑下者、被统治者，甚至男女尊卑、主从地位颠倒的现象在古代家庭中也绝非罕见。”[①]还有的学者曾指出，中国有轻视妇女的观念，但是从来没有仇视、诋毁妇女的运动。

从生存和生活的角度出发，寡妇再嫁是再正常不过的事情。宋朝人的记载中有个例子，一个年轻妇女丧夫后留在婆家，有人到官府告她的家

---

① 高世瑜：《中国古代妇女家庭地位刍议——从考察“三从”之道切入》，《妇女研究论丛》1996年第3期。

人，理由是没有及时把她嫁出去。

古代，家庭中的女性没有经济来源，全靠丈夫的收入维持家庭生活。一旦丈夫亡故，孤儿寡母便会无依无靠。如果家族中有救助措施，孤儿寡母也许还能勉强过活，如果没有，恐怕只有改嫁一条路了。范仲淹母亲是范墉前任妻子陈氏死后继娶的夫人。范墉死后，谢夫人无法独自抚养两个年幼的儿子，族人收养了仲温，谢氏则带着自己亲生的儿子另嫁，应该说这是北宋时期中下层民众常见的现象，并无特殊之处。

第三章

幼孤家贫　随母改嫁

第一节 读书少年

一千多年前，山东邹平孝妇河畔有个村庄，村里有户姓朱的人家。男主人做过县令，家中有几个公子。其中一个酷爱读书的孩子身体瘦弱，在同辈弟兄中排行老六，人称“朱六”。他便是随母亲改嫁而进入朱家的范仲淹。

在朱家，他的名字叫“朱说”。《论语》里有“学而时习之，不亦说乎”之句，继父朱文翰为继子取的名字不知是否暗含了一种希望，抑或是继子好学特质的如实表达。

读书，对于青少年来说，自然是必修的课程。范仲淹的读书经历大概可以分为两种情况：一是在继父身边，在继父的“复勤训导”下读书；二是在二十岁以后至科举考中之前，完全靠个人自觉苦读不辍。

那么，朱说，或者说少年范仲淹，在继父身边的读书岁月是怎样的呢？

朱文翰，祖籍山东，初娶妻初氏。朱文翰在苏州任推官时，其妻初氏已经去世多年，经人牵线，他与谢夫人再续姻缘，重组家庭，成为一代名臣范仲淹的继父。如果不是因为这个继子，恐怕朱文翰不会在历史上留下任何记载。不过，即便他是范仲淹的主要养育者，史料中关于他的记载依然少得可怜。谁也不会未卜先知后来的事，否则一定会细细记录下这对父子相处的点点滴滴。

流传下来的故事有一个叫作“安乡读书”。

南宋时期有个澧州军事推官，名叫任龙友。他撰写了一篇《文正公读书堂记》，说朱文翰曾经在澧州的安乡担任县令，范仲淹和母亲也陪同在他身边。为了给继子找个安静合适的读书之所，朱县令相中了安乡南边的一所道观，叫作“兴国观”，他把范仲淹交给观里的司马道士照顾。据说，每当“骤雨来集，叮冬有声”之时，范仲淹便会大声吟诵，声闻十里，给当地留下了“书台夜雨”的美谈。

南宋时，范仲淹嫡系后代范处义被皇帝委派为钦差大臣，持节巡视荆湖北道。安乡便是巡视的其中一站。安乡知县刘愚陪着他，实地考察了祖先范仲淹的读书堂，“确认无误”，并捐资重修。第二年修好后，澧州州学教授王仁撰写了《重修范文正公书台记》。清朝时的记载说，安乡不仅有范仲淹的读书台，还有洗墨池、朱池、南相寺等古迹。清朝时安乡籍翰林张明先写了一首《书台夜雨》诗咏怀此事：“胜状高楼记岳阳，谁知踪迹始安乡。荒台夜夜芭蕉雨，野沼年年翰墨香。事业当时留史册，典型此地见宫墙。梦中遥忆潇湘景，鹳港悠悠澹水长。”让后世不少学者困惑的一个问题是：范仲淹并没有去过岳阳楼，他为何能够写出洞庭湖的四时景色与恢宏气象？张明先说，范仲淹之所以能创作出著名的散文《岳阳楼记》，是因为他年少时曾经在安乡生活、读书，与洞庭湖有过朝夕相见、四时共处之缘。他曾与继父登临黄山头远眺洞庭湖“衔远山，吞长江，浩浩汤汤”的涨潮之势；与渔家孩子钻芦苇，荡渔舟，聆听渔人在淫雨霏霏之中长啸；也常常和母亲一起深入民间，了解洞庭水乡渔民在阴风怒号中的无奈与哀叹。范仲淹在安乡读书大约有三年，朱文翰解职离任，他也跟着离开。

朱文翰与前妻生育了一个儿子，再婚后谢夫人生了两个儿子，这两人便是范仲淹的同母异父弟弟。反复阅读对比各种文本和传说，我深信少年范仲淹与继父之间不存在虐待或者冷遇之类的情况。范仲淹初到朱家时年仅四岁，年幼不更事的他哪会记得丧父、随母改嫁这些事。自然，他也不会记得自己原本的身世。他和继父的相处就如普通家庭里的儿子与父亲一样。在继父身边度过青少年时代的范仲淹，他没有感受到家庭的不完整。朱文翰为官二十年，到过不少地方宦游，不管他去哪里，大都带着继子范仲淹。也就是说，青少年时代的范仲淹跟着朱文翰游历天下，增长了见识，开阔了眼界，这是多么宝贵的体验，难道可以断然地说，范仲淹的人格性情与这样的经历没有一点内在关系吗？

一、秋口读书：不为良相，便为良医

景德元年（1004），朱文翰调回故乡做官，出任淄州长史，范仲淹十六岁了，已经是翩翩少年，仍然跟随着继父。为了让继子有个安静的读书之所，朱文翰把他安排在了秋口。秋口也叫秋谷，在今天淄博市博山区颜神镇。颜神与景芝、张秋并称“山东三大古镇”。秋口古镇有个古老的传说：凤凰山下有条河，河边有个村庄。村里有个妇女叫颜文姜，她年轻守寡，依然孝敬公婆，每天走很远的路去挑甘甜的泉水，无论是严寒还是酷暑，从不中断。后来其孝心感动上天，在她居住的房间生出一眼灵泉，这样她不用奔波劳苦，就能每天饮用泉水。婆婆见她不再外出挑水，家里却天天有水，心里满是怀疑。后来婆婆找个借口支开颜文姜，到她房间探秘。结果无意间揭开了灵泉的盖儿，泉水立刻喷薄而出，流成一条河，这就是“孝妇河”。唐朝时，这里还建造有纪念颜文姜的“孝妇庙”。宋朝时，人们说她是孔子得意弟子颜回的后代，还被皇帝封为“顺德夫人”，赐额“灵泉庙”。

当然，传说不可当真，不过颜神镇的确很有名，而范仲淹的到来为这个古镇新增了一个“不为良相，便为良医”的传说。有一天，范仲淹与几个学友外出散步，走进一座寺庙，庙里香火很盛，许多人来此求签问卜。范仲淹也很关心自己的前程，正好借此机会探寻一下。

范仲淹求签问道：“我日后能做宰相吗？”签答：“不能。”他接着又问：“那我能做良医吗？”签答：“不能。”

范仲淹对这样的结果不免感到郁闷，不过他并未灰心，为实现“不为良相，便为良医”的抱负，他更加努力读书。

二、醴泉寺读书：划粥断齑

景德四年（1007），朱文翰年老多病，辞官回乡。范仲淹此时十九岁，跟着继父回到孝妇河畔的河南村，在家中自学读书。朱文翰的后人对这段时日的朱家生活有一些叙述。大概是说，朱文翰致仕后，家庭的收入自然随之减少。朱家孩子多，大都还年幼，朱文翰年岁大了，身体也不好，家庭开支很大，日子越来越窘迫。二十岁左右的大小伙子，只顾埋头读书，完全不能帮家里减轻一点儿经济压力，这让他的生母谢夫人心里有些内疚。她最清楚这个儿子在这个家里的特殊性——与朱家没有任何血缘关系，她很担心儿子被人寻了不是，有朝一日有人说出伤害儿子的话。于是，她跟儿子说好后又同朱文翰商量，托人给范仲淹找了份差事，到一家店铺当学徒。可是一个月不到范仲淹就回来了，表示自己实在不愿跟着掌柜干骗人的事情，希望可以继续读书。这让谢夫人两下为难，幸而朱文翰一言定下："这个孩子是个读书的料，又志趣不凡，他不愿意的事情就不要勉强他了。家里这么多孩子，就数他有出息，就让他继续读书吧。"虽然找不到其他资料可以证明这些事情，但我们宁愿相信，也能推测出来，朱文翰在继子读书这件事上是支持的。

长山县城五十多里外有座山，山名叫"长白山"，长白山主峰摩诃顶西北有座寺庙，名叫"醴泉寺"。当时，长白山一带学风很盛，出了一些饱学之士。地处长白山腹地的醴泉寺内，聚集着一批有一定儒学造诣的僧人，寺院的住持是一位远近闻名的儒学大师。得到继父和母亲同意后，范仲淹来到这里读书。寺院内，和尚们天天诵经做法事，男女香客熙熙攘攘，声音嘈杂。为了避开这些喧嚣，范仲淹在寺院外东山和南山，寻找到几个宛如石室的小山洞，四周十分幽静，是读书的好地方。他经常来这些山洞读书，有时待一两个时辰，有时便终日在此。他饿了就吃点儿自己带的食物，渴了便掬一捧山泉水入口，满山遍地可食的野果也能充饥。后人将范仲淹曾经读书的山洞称作“范仲淹读书堂”，有上书堂、下书堂之分，俗称“范公读书洞”。有人说“划粥断齑”的故事就发生在这里。

中国历来真正的读书人都经历过刻苦读书的阶段，也以苦读作为年轻学子的应有之义，所以悬梁刺股、凿壁偷光、囊萤映雪的故事才会千古流传。范仲淹坚强而勤奋，他经历了常人难以想象的读书之苦，这确实称得上一流的苦读故事。朱文翰的家境每况愈下，朱说知道这些情况，既然自己决意读书，不能为家里挣钱，那么唯一能做的就是省吃俭用。有一段时间，他每天只用两升小米煮一顿粥，等放凉凝固之后用刀划为四块，早晚各取两块，切点儿野菜，拌上点儿盐，调上醋汁，一天只吃两顿饭。范仲淹后来回忆这段日子所写的《齑赋》曰：“陶家瓮内，腌成碧、绿、青、黄；措大口中，嚼出宫、商、角、徵。”普通的腌菜里，看到了变幻的图画；嚼动咸菜根的声响，竟也成了五音合奏的乐章。若非亲身经历，怎能写得如此细致传神；若非志坚识广，怎能品出此般真境！

三、窖金赠寺的传说

醴泉寺还流传有“窖金赠寺”传说。朱文翰后人朱鸿林曾生动描述过这个故事，详述于此。

寺院住持见范仲淹家贫笃学，就每天赠他饼充饥。一天深夜，范仲淹正在埋头读书，忽然听到一种奇怪的声音，循声望去，见一只老鼠正在拖走他的饼子。他立即追赶，见老鼠钻进殿前那株老荆树东边的洞穴里去了，他立刻找来铁锹刨老鼠洞，刨着刨着，见下面有个地窖，扒开土石一看，啊，原来是一窖黄灿灿的金子。范仲淹一点儿也没有因这么多黄金所动心，连忙用土原样埋好。几天后的一个深夜，又有一只老鼠来偷饼，然后钻进那株老荆树西边一个洞穴里去了，结果范仲淹追过去又发现一窖白花花的银子。范仲淹还是照样用土予以掩埋。

二十年后，范仲淹官拜龙图阁直学士，奉旨出征西夏。这一年，醴泉寺失火，寺院几乎被烧光。住持想修复，但苦于无钱，一筹莫展，苦闷中忽然想起身居高位的范仲淹，于是打点行装，一路化缘西行，跋山涉水直奔延州而去。不日到了延州，范仲淹见到老住持自然十分亲切，待若上宾，问寒问暖，关怀备至，并且尽量抽出时间与老住持交谈，一块儿弈棋，一起用斋饭。老住持住了些日子，见范仲淹与士兵同甘共苦，生活十分简朴，求助的事也就没有开口。又住了几天，老住持提出要回寺院。范仲淹因为边事繁忙，也没有强留。临行时，范仲淹取出一包茶叶相赠。

老住持回到寺院里，看到眼前残垣断壁，一片废墟，想想自己千里跋涉一无所获，心中不免有些酸楚。他看看茶叶，心想：自己又不喝茶，这有什么用呢？便把茶叶随手丢在一边。长山知县听说老住持归寺，专程赶来打听范公的情况。老住持不敢怠慢，可又无力接待，忽然想起那包茶叶，便打开包装。刹那间，老住持呆住了，原来包装里头有范仲淹的一封信，上面写道："荆东一池金，荆西一池银。一半修寺庙，一半斋僧人。"老住持立即派人去刨，果然刨出一窖黄金、一窖白银。

钱有了，醴泉寺修复了，剩下的钱买了三百多亩庙田，僧人们自耕自食，安然修行。

有趣的是，这个故事还有个安乡版。故事的发生地变成了范仲淹童年读书时的安乡兴国观，求助者从僧人变成了当年的同学，结局则是一样的——范仲淹指点同学到安乡兴国观他当年读书的地方找到了当年被他发现又封存的金银，用于重新修复兴国观。

其实，不必介意故事的神秘色彩，更不必探究哪个版本更正宗。范仲淹学习过、生活过的地方往往会留下一些传说，人们用这种方式表达对范仲淹的崇敬之情。

四、姜遵眼中的朱学究

范仲淹在醴泉寺读书期间还有一件事需要说，那就是范仲淹与自己少年时的偶像姜遵的一次会面，也称“拜见姜遵”。姜遵确有其人，且《宋史》有传：

> 姜遵字从式，淄州长山人。进士及第，为蓬莱尉，就辟登州司理参军，开封府右军巡判官。有疑狱，将抵死，遵辨出之。迁太常博士，王曾荐为监察御史，殿中侍御史，开封府判官。知吉州高惠连与遵有隙，发遵在庐陵时赃事，按验无状，犹降通判延州。复入为侍御史、判户部勾院。利州路饥，以遵为体量安抚，迁知邢州。
>
> 仁宗即位，徙滑州，为京东转运使，徙京西。未几，以刑部郎中兼侍御史知杂事。建言三司、开封府日接宾客，废事，有诏禁止。历三司副使，再迁右谏议大夫、知永兴军。奏罢咸阳富民元氏岁贡梨。召拜枢密副使，迁给事中，卒。赠吏部侍郎。
>
> 遵长于吏事，为治尚严猛……

姜遵应该是宋朝早期从长山县走出的一位高级官员，他的科举出身更是青年学子们心目中的榜样，特别是范仲淹。自己家乡的这位先贤，通过刻苦读书高中进士，这条成功的道路不正是自己追求的吗？能有机会见到这位先贤，一直是范仲淹的愿望。

在京做官的姜遵回乡探亲了，这个消息让范仲淹无比高兴。他约上几位学友，前往姜家庄。姜家庄在长山县城东十里，现属淄博市周村区大姜镇。姜遵热情地招待了家乡的青年学子们，跟他们畅谈人生与理想、经验与趣闻，还执意请他们吃了一顿美餐。这次拜访，特别是这顿饭，不知为范仲淹平添了多少内心的正能量！

姜遵眼光不凡，很会识人。据史料记载，这次家乡聚会，那位名叫“朱说”的学子，未出茅庐却志存高远，让姜遵不禁油然而生敬重之情。与范仲淹他们告别以后，姜遵感慨地对家人说：“这位朱学究年纪虽小，却是难得的奇才。我看他将来不但要成为位极人臣的显官，还必定留盛名于世，传之久远……”学究是唐代科举考试中的一科，宋朝沿用此制，仍有学究科。应试这一科并考中的，称为“学究”。范仲淹此时已经取得学究之名。姜遵真是慧眼识才，他的预见实在非凡。宋仁宗朝，姜遵迁右谏议大夫，拜枢密副使，升给事中，死后赠吏部侍郎。范仲淹初任京官担任秘阁校理时，姜遵是枢密副使，两人同在京都做官，相交甚厚。

在醴泉寺三年的读书岁月中，寺内来自京城的高僧不知给过他怎样的指点，也不知他那时身负着怎样的文武艺。总之，时光不负有心人，一切都是积累，以待后来之迸发。

五、琴剑在身　游学关中

大中祥符元年（1008），范仲淹二十岁了。这年他决定游学关中。征得二老同意之后，他带上琴、剑和少许衣物，踏上了漫漫西行之路。琴、剑，一向是范仲淹外出随身必带之物。他每日闻鸡起舞，凌晨练一通剑术，无论春夏秋冬，从不间断。他要做一个文武双全的国家栋梁之材。文能笔扫千军，武能一当万师，文韬武略，智勇兼备，方能担负天下之重任。

为了陶冶性情，范仲淹又酷爱弹琴，曾向徙居于淄川的大音乐家崔遵度学过琴艺。他对周朝尹伯奇创作的古琴曲《履霜操》情有独钟，平时只弹此曲，时人称他“范履霜”。陆游《老学庵笔记》载：“范文正公喜弹琴，然平日只弹《履霜》一操，时人谓之范履霜。”每当夜晚之时，范仲淹便操琴数曲，体察先师孔子在齐闻韶三月而不知肉味的心迹，探究“治乐以治心”的奥秘。

范仲淹仗剑西行，一路跋山涉水，风餐露宿，访民问俗，寻古觅幽，眼界大开，见识大增。这次游学，也让他结识了一些终生难忘的朋友。

第二节 求学南都

一、感泣身世，别母求学

大中祥符四年（1011），南都学舍（应天府书院）迎来了一位青年。他肩挎琴、剑，一路风尘，推门走进这个由长长的灰褐色砖墙围着一幢幢学舍的院落，他的内心复杂而坚定。当然，这位青年正是范仲淹。为何他孤身一人远道来此？为何他的眉目间有一点儿落寞？

原来，他知道了自己的身世！宋人楼钥《范文正公年谱》载："按《家录》云：公以朱氏兄弟浪费不节，数劝止之。朱氏兄弟不乐曰：'吾自用朱氏钱，何预汝事？'公闻此疑骇，有告者曰：'公乃姑苏范氏子也，太夫人携公适朱氏。'公感愤自立，决欲自树立门户。佩琴剑，径趋南都。"原来是没有血缘关系的朱家哥哥揭开了秘密！

按照流传的说法，朱文翰去世后，体贴孝顺的范仲淹担心母亲孤单难过，那段时间经常从醴泉寺回家，看到兄弟们生活浪费不节，他就不客气地提出了批评。或许是失去父亲后情绪不好，朱家哥哥没好气地抢白他：“这是我朱家的钱，我爱怎么花就怎么花，跟你有什么关系！”言外之意，你跟朱家没关系，管不着朱家的事！听出了弦外之音的朱说不觉心中一惊，再追问时，哥哥却住了口，不肯再说。朱说难掩疑虑，去问同村好友，好友的支吾作答让他更加觉得事情不妙。后来，他终于从母亲那里知道了事情的真相。震惊、伤感涌上心头，在朱家的门庭中，那么多兄弟姐妹，果然只有他与朱家没有任何血缘关系！哥哥所说的，原来是真实的！明明是范氏骨肉，却不明就里冒姓为朱！他能明白母亲当年的处境，能理解母亲改嫁的行为，但他不能容忍自己继续冒姓！冒姓大致分两种：一种是子随母姓，包括随母改嫁。另一种是奴仆冒充主人姓。顾炎武《日知录》曾考察过历史上冒姓现象，且引用《晋书》等典籍资料，得出结论说：“是知冒母为姓，皆人伦之所鄙贱。”熟习儒家经典的范仲淹不可能不了解这些，内心的痛无法言表。脱离朱家，自立门户；认祖归宗，复姓为范——这成为他心头的大事。

二十三岁的范仲淹以决然之态离开了养育他近二十年的朱家，离开了母亲，前往南都求学。伤心的母亲派人去追他，他托追者转告母亲，给儿子十年的时间，十年之后必回来迎母归养。

二、南都学舍

帮助范仲淹化茧成蝶的是他的母校——南都学舍，即中国古代四大书院之一的应天府书院。

960年，赵匡胤在宋州的陈桥驿“黄袍加身”，开创赵宋帝业，宋州之地开国有功，自然被宋朝皇室赋予不一样的意义与待遇。宋朝第三个皇帝真宗赵恒，先是于景德三年（1006）改宋州为“应天府”，大中祥符七年（1014），又将应天府升格为陪都，称为“南京”，也称“南都”。宋州即今天的河南省商丘市，中国古代称山南水北为“阳”，商丘古城坐落在睢水北岸，即睢水之阳，故也称睢阳。唐朝时，这里发生过惊天地、泣鬼神的睢阳保卫战。宋朝时，这里诞生了一座著名的学府——应天府书院，它还有其他的名字，如睢阳学舍、睢阳书院、南都书院、南都学舍等。

这座书院的建立可以追溯到五代时期，据《归德府志》记载，五代后晋时期，宋州虞城邑人杨悫（893—960）很有学识，热衷教育，应时代之需，在睢阳建起了“睢阳学舍”，这就是应天府书院的前身。他在此聚徒执教，为社会培育人才，做了很多好事。杨悫办学得到了当地驻军赵直将军的支持。

杨悫死后，戚同文为了报答杨悫的教育之恩，在赵直将军的帮助下，筑室教书授徒，学生达到一百多人。宋初的著名人物许让、宗度、王砺等进士都出自他的门下，声望震于朝野。宋太祖建隆元年（960），归德府改称“宋州”。北宋政权为选拔急需人才，实行开科取士，南都学舍的生徒参加科举考试，创造了七榜有登第者五十六人的奇迹。当时每科取士只有十人，而南都学舍的生徒每科考中的占到了百分之八十，这是非常了不起的成就。在此影响下，文人、士子慕戚同文之名，不远千里到宋州求学者络绎不绝，出现了“远近学者皆归之”的盛况，南都学舍逐渐成了一个学术交流与教育的中心。宋太宗太平兴国元年（976），戚同文去世，受赠礼部侍郎。由于失去了主持者，南都学舍教学工作便逐渐中断了，南都学舍也渐渐毁弃。

后来在曹城的捐助下，南都学舍才又重新恢复。《宋史·戚同文传》记载："大中祥符二年，府民曹城即同文旧居旁造舍百余区，聚书数千卷，延生徒讲习甚盛。诏赐额为本府书院，命纶子奉礼郎舜宾主之，署诚府助教。"《归德府志》等记载，应天府民曹城"请以金三百万建学于先生（杨悫）之庐"，在南都学舍旧址，重新修建学舍一百五十间，聚书一千五百卷，"博延生徒，讲习甚盛"。宋真宗大中祥符二年（1009），曹城愿以学舍入官，并请令戚同文之孙戚舜宾主院，得到宋真宗的赞许，并赐匾额"应天府书院"。从此，这所书院得到官方承认，成为宋代较早的一所官学化书院。

范仲淹到来时，书院的负责人是创始人戚同文的孙子戚舜宾。《宋史》中说范仲淹是跟着戚同文学习的，这种说法明显是错误的，此时，戚同文早已离世。

三、五年未曾解衣就枕

对于范仲淹而言，南都学舍的五年是"痛并快乐着"的。

虽然来到了繁华的大都会，就读于著名的顶级学府，但只身在外，远离家乡，范仲淹的生活更加艰苦，而他学习更加勤奋，每日苦读，昼夜不息。在寒冷的冬天，他常常读书到深夜。史书上说，他五年未曾解衣就枕，累了就倒头睡一会儿。有时实在困极了，他就用冷水洗一把脸，让精神振奋起来，继续沉浸在那些经、史、子、集的海洋里，这是他废寝忘食苦读的真实写照。

生活之艰苦丝毫没有影响范仲淹内心的充实、愉悦之感。在南都学舍这个殿堂级的学术圣地，有名师可以请教问学，有丰富的书籍可供阅读，有志同道合的学友可以切磋学业、纵论古今、畅谈理想。这样的生活，平复了他内心的波澜，使他心满意得。在南都学舍的岁月，范仲淹不仅学得广博的知识，而且养成了一种坚忍不拔的品格，树立了崇高的理想和远大的抱负。欧阳修在《文正范公神道碑铭》中写道："居五年，大通六经之旨，为文章，论说必本于仁义。"

诗言志，歌咏言。在这期间，范仲淹作有《睢阳学舍书怀》诗一首，描写他当时的生活感受，抒发他不凡的抱负和理想：

白云无赖帝乡遥，汉苑谁人奏洞箫？
多难未应歌凤鸟，薄才犹可赋鹪鹩。
瓢思颜子心还乐，琴遇钟君恨即销。
但使斯文天未丧，涧松何必怨山苗？

细细品读这首诗，正可一探青年学子范仲淹当时的心境。诗的首联直接描写了他当时的困境和心情：寄读他乡，身世飘零，犹如无根可依的白云，只能无奈地遥望着东南故乡——梦中的祖居——苏州吴县；这时又听到了幽咽的洞箫声，心头更添了几许凄凉。西汉时梁孝王曾在古商丘建"睢苑"，这里的"汉苑"即指当时的应天府。颔联两句，勉励自己虽然身处逆境，但不能自甘沉沦，不能像凤鸟一样隐遁世外，而要向晋代张华那样的人学习，积极进取，奋发向上。"凤鸟"这个典故出自《论语》。孔子周游列国，宣扬自己的思想主张，南方有位隐者唱道："凤兮，凤兮，何德之衰！往者不可谏，来者犹可追。”借颂高洁恬淡的凤鸟，劝诫孔子别再忙忙碌碌，沉迷于凡乱之世而不可救药。“鷦鷯”是《庄子》中提到的一种小鸟，它“巢于森林，不过一枝”。西晋时，张华出身贫寒，年少即有大志，未成名时写过一篇《鷦鷯赋》勉励自己。阮籍读后大为激赏，称赞张华“有王佐之才”，后来事实果然如此。

在诗的颈联，范仲淹写自己虽然生活贫窭，但自甘其乐，虽然出身寒微，但有宏伟抱负，希望遇到知音和伯乐。这里又用了两个典故，一个出自《论语》：“贤哉回也！一箪食，一瓢饮，在陋巷，人不堪其忧，回也不改其乐。”另一个出自《列子·汤问》：“伯牙善鼓琴，钟子期善听。伯牙鼓琴，志在高山，钟子期曰：‘善哉，峨峨兮若泰山。’志在流水，钟子期曰：‘善哉，洋洋兮若江河。’”

诗的最后两句，表达了青年范仲淹的一种必胜信念——只要自己不懈追求，自强不息，理想终会实现。孔子周游列国，途经匡邑时，被民众围困，窘迫不堪。他从容地对弟子说：“天之未丧斯文也，匡人其如予何？”后果然得脱。原来匡人认错了人，是一场误会。范仲淹化用孔子的议论，表达自己的志向。“涧松何必怨山苗”这句用的是晋代左思《咏史》诗：“郁郁涧底松，离离山上苗。以彼径寸茎，荫此百尺条。世胄蹑高位，英俊沉下僚。地势使之然，由来非一朝。”左思是借涧底的大松树却不如山顶的小树苗高的自然现象，抨击晋代门阀士族专权、贤能之士得不到重用这一黑暗的社会现实。范仲淹却反用其意，比原诗的主题意义更为积极。

综观此诗，直抒胸臆，格调高迈，催人奋发，而且用典贴切，语言朴素，情景交融，达到了深刻的思想内容和完美的艺术形式的高度统一。在当时承袭五代柔靡浮艳风气、西昆体盛行的宋初诗坛上，这是一首难得的佳作。

这首诗是我们所能见到的范仲淹最早的诗歌作品，也鞭策着他以后整个的政治生涯和人生历程，使他成为一个具有“先天下之忧而忧，后天下之乐而乐”的崇高思想的伟人。

四、独不见皇帝

这一年的正月，宋真宗到应天府朝拜圣祖殿。在那个年代，臣民基本上一辈子也见不上皇帝一次，所以突然能有机会一睹龙颜，绝对是件令人激动不已的大事！于是这一日，应天府的大街小巷挤满了急待一睹皇帝龙颜的子民，连紧张备考的应天府书院的学子们也为此特别放了假。学子们既好奇又兴奋，纷纷拥上街头，都想看看那想象了不知多少回的真宗皇帝赵恒到底长什么样!

然而，静静的书院里，范仲淹却始终不为所动，仍在读他的书，或沉思或吟咏，一步也没离开过书院，仿佛那位皇帝是他根本不愿意见的人。同学们回来后一边眉飞色舞地描述皇帝出行的威仪，一边笑他傻，没看此番盛况。他轻轻一笑，说：“日后再见也不晚。”这句话颇有深意。范仲淹想说的是，与其现在花时间去远远看一眼皇帝，不如多下功夫读好书，学好本领，如此才可能有朝一日真正站在皇帝面前。

这个故事的名字叫作“独不见皇帝”，表达了真才实学者的自信和富国兴邦的决心。果然，没有挤着去看皇帝的范仲淹第二年就金榜高中，在赐予新科进士的御宴上，与皇帝相见了。

第三节 中举与复姓

大中祥符八年（1015），范仲淹二十七岁。以“朱说”之名举进士，礼部选第一，登蔡齐榜，中乙科第九十七名。这一次与范仲淹一起进士及第的有一百九十七人，因这一榜的状元名叫蔡齐，所以史称该年进士的榜名为“蔡齐榜”。榜上列名的还有滕宗谅（滕子京）、萧贯、庞籍、谢绛等青年才俊，后来这些人在激烈的政治风浪中，成了事业上的莫逆之交、为民为国的栋梁之材、一代出类拔萃的名臣。

“艰难困苦，玉汝于成。”南都苦读五年之后，范仲淹当然还得用“朱说”这个名字参加科考，一举得中，由“寒儒”成为进士。随后被任命为广德军司理参军，这是一个九品官，掌管讼狱、案件事宜。

天禧元年（1017），范仲淹以治狱廉平、刚正不阿，升为文林郎、权集庆军节度推官。做了官，有了俸禄，他就把母亲从朱家接出来奉养。在母亲授意下，他写了《奏请归宗复姓表》，归宗复姓，恢复范仲淹之名。[①]

在中国人心里，亲缘和姓氏表示源远流长的血缘关系，更蕴藏着丰富的情感和对自己的认同。

不过，当他迟眠早起、跋山涉水、怀着万分激动的心情来到苏州寻认亲人时，却被当头泼了冷水。他向吴县范氏家族人讲述自己的身世，表明来意，提出认祖归宗的要求，而他面前的家族长老们打量着眼前这个急切的青年官员，心里只是怀疑：范墉虽然没留下什么钱财，田宅倒还有一些，这个人是来争家产的吧！除此之外，他们想不通归宗对他有什么好处。他又不是未成年人，何况已经取得功名，被授予官职，完全可以自立门户啊！当范仲淹弄清楚族中长老们的意图时，不由得一阵胸闷气短。他一遍遍地告诉他们，自己不是来争家产的。他对天发誓：只要归宗，不要家产！这才让长老们点了头，同意了他的要求。"朱说"实现了复姓归宗的夙愿。因此，宋朝才会有一位叫范仲淹的名臣，中国历史上才会有一位叫范仲淹的伟人。

① 还有一种说法是，天圣六年（1028），范仲淹服母丧后，才更过名来。

第四章

直道而不枉　甘为三黜人

范仲淹之“直”，是他人格中非常明显而光辉的特征，是他留给家人、世人的精神财富。因为直，他屡被贬斥，屡遭磨难，却初心不改，誓与“古仁人”为伴。柳下惠便是古仁人之一。

柳下惠为士师，三黜。人曰：“子未可以去乎？”曰：“直道而事人，焉往而不三黜？枉道而事人，何必去父母之邦。”（《论语注疏 · 微子》）

柳下惠坚持直道，不肯放弃原则与世同浊，即使多次遭到贬黜也不改初心，坦然接受。

范仲淹也是如此。《宋史 · 范仲淹传》云：“每感激论天下事，奋不顾身。一时士大夫矫厉尚风节，自仲淹倡之。”

要与全社会的风气对抗，会付出什么样的代价？这位一代名臣、一代伟人走过的人生路，除坎坷崎岖、命途多舛外，不知道还可以用哪些词来形容。而这一切苦难，都来自他对心中圣贤大道的坚持和对黑暗现实不屈不挠的反抗。

经历了景祐三贬的范仲淹，自称“三黜人”，他那顽强的意志不仅没有被打垮，反而更加坚定。古仁人柳下惠，不正是自己的榜样吗？宁愿被贬。明知道结果一定是遭贬，仍然要勇往直前的勇气是什么？是心中的信念——直道而不枉。这是范仲淹的为官之道，深得时贤称赞、后人景仰，也成为他家风中的重要组成部分。

第一节 道义在身任浮沉

范仲淹的第一份工作是在广德军担任司理参军。北宋时的广德军仅领广德一个县，治所在今安徽广德桃州镇。司理参军是一个九品的小官，掌管讼狱、案件事宜。初历官场的范仲淹已经开始显现他身上独特的为人为官之道：无论官大官小，不管职务重要与否，只要在其位，一定要谋其政，以最认真的态度投入其中，绝不苟且。范仲淹经常抱着卷宗去找太守，指出存在的问题，“与太守争是非”。有些事情，太守做了决定，范仲淹认为有疑义或者不合规矩，就不会唯太守之命是从，一定会就原则性问题争出个是非来。即使太守对他发怒，他也不会因此放弃原则。回到自己的居处，他还把下次要争辩的话写在屏风上，等他结束在广德军的工作离开时，屏风已经无处再多写一个字了。

做了两年九品官，离开广德时，范仲淹居然没存下一点儿积蓄，只得卖掉唯一的一匹马以充行资，徒步前往第二个工作地点赴任。他的第二份工作是担任集庆军节度推官。集庆军治所在亳州（今安徽亳州）。从1017年到1020年，他一直在亳州任幕职官。

从1021年到1025年夏天，范仲淹担任泰州西溪盐仓监。这个时期内他完成了人生中最重要的事——娶妻生子。

1025年秋天，经张纶的推荐，范仲淹担任兴化县令。天圣四年（1026）八月，母亲去世，范仲淹从兴化县令任上离职丁忧。

天圣四年八月至天圣六年（1028）十二月，为母守丧。

天圣六年，范仲淹四十岁。十二月，被晏殊推荐担任秘阁校理，首次成为京官，并跻身馆职。

随后，范仲淹却因直言陈事，不断被贬。历任河中府通判、陈州通判、睦州知州、苏州知州、开封府知府等职。

康定元年（1040），范仲淹与韩琦共同担任陕西经略安抚招讨副使，采取“屯田久守”方针，巩固西北边防。

庆历三年（1043），范仲淹出任参知政事，上疏《答手诏条陈十事》，提出十项改革措施。

庆历五年（1045），新政受挫，范仲淹被贬出京，历任邠州、邓州、杭州、青州知州。

皇祐四年（1052），改知颍州，范仲淹扶疾上任，行至徐州，与世长辞，享年六十四岁，谥号文正，世称范文正公。

第二节　直言上书　忤逆太后

天圣六年，为母亲服丧期满，范仲淹可以返回官场做事了。在晏殊推荐下，他获得秘阁校理一职，从基层“选人”成为“京官”。

“秘阁校理”这个职务职级不算高，地位却很优越，不但可以经常见到皇帝，而且能够知晓不少朝廷大事，对于不少人来说这是一条飞黄腾达的捷径。尽管晏殊与范仲淹早已相交，而且之前晏殊就曾举荐过他，然而这一次的推荐却是当朝宰相王曾提醒的。王曾初见范仲淹就觉得他与众不同，对他特别看重。王曾对回到枢密府的晏殊说：不是得选一个秘阁校理吗？你了解范仲淹这个人，除了他，还有谁更合适？晏殊上奏说：“范仲淹，为学精勤，属文典雅，略分吏局，亦著清声。”晏殊的举荐之恩，令范仲淹内心非常感激。范仲淹一生都诚心诚意把小自己两岁的晏殊当成师长来对待。其尊师义行，令后人敬仰。

然而，没过多久，恩师晏殊就被范仲淹的一次举动吓得心惊肉跳！范仲淹居然去招惹皇帝背后真正的掌权者刘太后!

刘太后，名叫刘娥，是宋真宗第三位皇后，谥号庄献明肃，史书称为“明肃太后”“明肃”。刘太后是宋朝乃至中国历代后妃中颇具传奇色彩的一位女性。民间传说“狸猫换太子”故事中，刘娘娘的原型就是她。而这个故事并非完全虚构，很多情节是真实的，特别是第四代皇帝宋仁宗的身世。

事情要从宋真宗赵恒讲起。赵恒原配妻子是潘美的女儿，在他即位前已去世。他即位后所立的郭皇后在景德四年（1007）病故。后位虚悬多年，而真宗属意的皇后人选是德妃——刘娥。刘娘娘是益州华阳（今四川成都）人，出身微贱，是个孤女，不得已十来岁就嫁给当地的银匠龚美。龚美走街串巷为人打造银器，她就摇拨浪鼓招徕顾客。雍熙初年，小夫妻一起来到京城谋生。真宗当时还是皇子，被封为襄王，他的神女梦是想娶一个川妹子，认为蜀地女子“多材慧”。而此时龚美恰好认识了襄王府给事张耆。张耆说服龚美与刘娥以兄妹相称，并把刘娥送进王府。襄王对十五岁的刘娥一见钟情，宠爱有加。很快，有人向太宗皇帝赵光义汇报了此事，皇帝命令儿子将刘娥逐出王府。襄王对她割舍不下，又不得不遵命，就让她寄居在张耆家中。十几年后，太宗皇帝去世，襄王继位成为真宗皇帝，才将她接回重圆鸳梦。其后，她在后宫的地位上升很快。《宋史》说刘皇后原籍太原，父祖都是五代高级将领，这是她得势后为了掩饰自己家世寒微编造出来的。刘娥做了皇后以后，总以各种美差为诱饵，拉拢刘姓高官认同宗。她先找权知开封府的刘综攀近族，刘综说自己是河中府（今山西永济）人，没有亲属在宫中。不久，刘皇后又召见权发遣开封府的刘烨，他虽是名族，却是洛阳人，刘后对他说："想看一看你的家谱，咱俩恐怕是同宗。"刘烨忙说不敢不敢。正因为刘娥不是太原刘氏的破落户，真宗打算立她为后时遭到大臣们激烈反对。但真宗仍力排众议，在大中祥符五年（1012）立她为皇后。她没有娘家亲族，就让前夫龚美改姓刘，认作兄长，还让真宗皇帝给这位兄长安排了职位。其实，后人从这桩婚事也能看出一点，北宋时妇女改嫁并没有严格的贞节观念束缚。

刘娥是个聪明的女性，她知道美色不能长久取悦男人。在张耆家那十几年，她刻苦自学，读书识字，坚持不懈。后来她不但博览群书，还研习琴棋书画。功夫不负有心人，十几年后，再次来到真宗身边的刘娥，不仅不再是个没文化的歌舞伎，而且成了能为皇上排忧解难出主意的贤内助。据说真宗皇帝临终前那段时间，刘娥实际上已经是行使皇权的人。

仁宗皇帝继位时尚年幼，大权实际掌握在太后刘娥手中。真宗遗诏说刘太后可以对"军国重事，权取处分"，使得刘娥获得合法干预国事的权力。她在朝臣中有相当的影响力，甚至有的大臣力主去掉诏书中"权"字，由刘太后全权处理朝政之事。好在当时一位叫王曾的大臣坚决反对更改诏书，此事才作罢。仁宗继位次年，改元天圣。其实这年号里边也暗含玄机。"天圣"，拆字即为"二人圣"，即指宋仁宗与刘太后两位圣人。"明道"是刘太后在世时的第二个年号，"明"字由日、月两字合成，与天圣一样，也是为了取悦刘太后。刘太后垂帘听政达十一年，成为宋朝第一位临朝的母后，仁宗朝前期之政就是她统治的产物。《宋史》的评价倒也大体公允，说："当天圣、明道间，天子富于春秋，母后称制，而内外肃然，纪纲具举，朝政无大阙失。"

那么，范仲淹与这位幕后掌权者刘太后之间的冲突，是因何而起的呢？事情起因于一次冬至日的庆祝仪式。

话说范仲淹荣任秘阁校理到京城做官时，北宋第四任皇帝——仁宗皇帝赵祯继位五六年了，且已经年近二十岁，刘太后丝毫没有结束称制、还政于仁宗的迹象。天圣七年（1029）冬天，朝中传下消息，冬至那天，皇帝要率领文武百官在会庆殿为刘太后叩头祝寿，举办仪式。这不合礼仪，但皇帝和众大臣谁也不敢多说。不识相的范仲淹却递上了一道折子，文章照样写得很雅：

> 臣闻王者尊称，仪法配天，故所以齿辂马、践厩刍尚皆有谏，况屈万乘之重，冕旒行北面之礼乎？此乃开后世弱人主以强母后之渐也。陛下果欲为大官履长之贺，于闱掖以家人承颜之礼行之可也；抑又慈庆之容御轩陛，使百官瞻奉，于礼不顺。①

文章虽然写得很雅，但表达的意思却一点儿都不留情面：让一国之君率领文武百官给母后叩头贺寿，这不合规矩，而且还有可能给后世压制皇帝权力留下空间，强化母后权力的坏影响。皇帝表达对母后孝心的合适方式，应该是在后宫按家人之礼举办仪式。让母后到外殿接见文武百官，受人瞻仰，这无论如何也不合礼制！

---

① 范能濬编集，薛正兴校点：《范仲淹全集》（上），凤凰出版社，2004年，第684页。

折子递上之后，没有任何回音，也许是刘太后深富涵养，不跟他计较；也许是刘太后根本不把一个小小秘阁校理的折子放在心上，因为他起不了什么作用。

不过范仲淹却没完，他觉得既然开了头，索性把自己的想法统统表达出来。新年过后，他又呈送了一道更猛的奏折——《乞太后还政奏》，说请太后“卷收大权，还上真主”。文章名恭恭敬敬地加上“乞”字，实际上就是明着提醒：太后您该交出大权了！皇帝年富力强，聪明睿智，您掌握着实权让他担着虚名，这可不是什么吉祥事。您啊，赶快交出大权，好好享享清福，这多好啊！

两道奏折一上，可把晏殊吓坏了。晏殊对他一通指责：范仲淹，你就是这么报答我的吗？你得罪了太后，作为举荐人我也得受牵连啊！你说的那些仪式啊、还政啊，这中间的道理大臣们谁不懂啊，可这么多年谁站出来了？偏偏就你行！你知道大家怎么评价你吗？“非忠非直”“好奇邀名”！你这么做不是出于忠，不是因为直，只是沽名钓誉，想用特别的手段引起太后的注意罢了！范仲淹听到这儿想要辩白，晏殊一挥手打断他：别说了，我可不想与众人为敌。晏殊此人，为人正直、为国公忠、唯才是举是他优秀的一面，而他的另一面则是处事圆滑，从不会迎难而上，不避风险地去担当一件事。正如他的门生欧阳修在挽词中所写的那样：“富贵优游五十年，始终明哲保身全。”范仲淹的言行，他真的无法理解，所以是真的生气了。范仲淹心里也憋得慌，别人误解他可以不在乎，晏殊可是自己的恩人、自己心目中认定要毕生尊敬的师长，且事关大是大非的原则问题，一定要把理说个清清楚楚。于是，洋洋洒洒，范仲淹就给晏殊写了一封长信，叫作《上资政晏侍郎书》，信中与晏殊推心置腹，引古比今，非常精彩。

范仲淹说，我“信圣人之书，师古人之行，上诚于君，下诚于民”，如果说我的言行喜欢标新立异是错误的，那么古代那些圣贤的所作所为，比如：伊尹为了吸引汤王，充作陪嫁之臣，背着鼎给汤王讲五味调和；姜太公为了得到周文王赏识，用直钩钓鱼；孔子在夹谷之会当众诛杀嘲笑鲁定公的优伶而受到鲁国尊重；管仲做了齐桓公的俘虏却最终助他称霸；蔺相如在秦国夺回和氏璧；诸葛亮在草庐等候刘先主……不都是“奇行”吗？我做的与他们相比还远远不够呢。如果说我所做的是为了捞取名声，那么古代圣人正是通过宣传名教才教化天下的啊。……如果人人都不爱名，那么圣人教化之工具就失去作用了啊。经书上说，“立身扬名”，又说“善不积不足以成名”，又说“耻没世而名不称”，还说“荣名以为宝”。我们从中可以看出，教化之道在名之后，古代圣贤，哪一个不是名垂千古呢？我离他们还差得远呢……再来说礼，古代先王制礼，并不是为满足一时之需，而是为了长远的利益。……礼乐等可以因时而变，而帝王名器之类则是如同乾坤一般确定无疑的，哪有什么变化沿革之说？……

最后范仲淹说，我这个人“不以富贵屈其身，不以贫贱移其心”。如果朝廷重用我，我一定会比今天做得更好，也不会辜负您一番举荐之恩；可是，如果您真正喜欢的是“少言少过自全”的人，全天下能找到无数那样的人，您又何必举荐我呢？

这一篇文章，既是写给晏殊的，也是写给范仲淹自己的。这是他自己为人为官的准则。

范仲淹是中国古代士君子文化培育的一位真正的君子，从开始做官的那一刻起，他要的都不是个人的名与利，而是天下的利与益。“富贵不能淫，贫贱不能移，威武不能屈”是他人格的底色，“民为贵，君为轻”是他为官行事的大道。而当执着的信念遇到暴君、奸臣，他会挺身而出，不惧冲突、不畏高压，可以面折廷争、冒死直谏，从不顾个人荣辱安危！

上了《乞太后还政奏》后，范仲淹等了很长时间，宫中却并未传来任何消息。他不觉略感伤感：毕竟自己目前人微言轻，刘太后压根儿没把自己的话当回事儿。既然这样，我只好辞去京官到地方去了。他立即写了个报告，要求下放。这次倒很快得到了回复，四十一岁的范仲淹在京城待了不到两年，就被贬出京，担任河中府通判。

宋代的河中府在今山西永济一带。通判是个州级官员，副职，辅助知州或知府处理政务。那些兵民、钱谷、户口、赋役、狱讼等州府公事，须通判联署才能生效。通判还有监察官吏之权，号称“监州”。其实看起来，这个工作比秘阁校理更有实权。由此也能看出，宋朝对于大臣还是比较宽容的。明清时代如果有官员敢向皇帝、太后说出那样的话来，即使死罪能免，牢狱之灾肯定是难逃的了。

离京前，秘阁同事们到城门外为范仲淹设酒饯别。他神色自若，同事们笑说“范君此行极光”，意思是说，范大人虽然是被贬，但您的所作所为其实是极光耀的啊！

这是范仲淹与宋朝中枢权力的第一次碰撞。他身上那种不计个人前程，只问事情之理的刚正气节已经显露无遗。他心中的理想是实现儒家经典中所描述的礼制社会，但在现实中，读过“六经”的儒生从政后，大都转向了追求功名富贵，“天下熙熙皆为利来”，失去了曾经的理想和追求，范仲淹反而显得不合时宜了。

第三节　有犯无隐　阻帝废后

一、皇后误打皇帝耳光

明道二年（1033）三月，刘太后去世，仁宗皇帝开始亲政。当年范仲淹上折子让太后还政，实际上是替仁宗说话，皇帝心中记下了范仲淹之功。皇帝还知道范仲淹为自己生母葬礼所做的一切。仁宗皇帝亲政后很快就下旨，召回了在陈州任通判的范仲淹，授右司谏。右司谏掌讽谕规谏，凡朝廷阙失，大事廷争，小事论奏。总之，右司谏是个专门评议朝事的言官。

这传达了皇帝对范仲淹的信任，君臣之间似乎有了一个很好的开始。不料，后宫两个女人引发的一场政治风波，却让君臣之间的冲突提前爆发了，也让范仲淹与吕夷简开始成为对手。

宋仁宗的皇后姓郭，不过当时皇帝最宠爱两位妃子，一位是尚美人，一位是杨美人，这两位依仗皇帝的宠爱，数次因为一些小事与郭皇后发生争执。有一天，尚美人当着郭皇后的面向皇帝说郭皇后的坏话，“有侵后语”，说的什么史书上没记载。郭皇后听后气坏了，怒从心头起，恶向胆边生，冲上前抡起巴掌就向尚美人打了过去，“后不胜忿，批其颊”。仁宗一看来者不善，赶忙起身护着，“上自起救之”，结果郭皇后“误批上颈”，一巴掌掴在了仁宗脖子上，顿时仁宗脖子上留有指甲的痕迹。当时所有人都呆住了，皇后打皇帝，真是古往今来闻所未闻啊！郭皇后吓得赶紧跪在地上。皇帝叫来了内廷管事的太监阎文应，阎文应建议皇帝找宰相吕夷简商量。郭后是当年刘太后做主立的，皇帝想到刘太后多年对自己的管制，气怒交加之下，就起了废后之心。废后历来都是朝廷大事，皇帝不能凭一己之喜好决定，而是要与朝中大臣商量。此次事件起因原本是家事，甚至可以说是一场家庭闹剧，如果有个大臣好好劝一劝，皇帝气消了可能也就会没事儿了，偏偏皇帝找来商量的人是吕夷简。

吕夷简，时任“同中书门下平章事”。中书门下是宋朝的最高行政机构，简称“中书”，由正、副宰相统领，其办公地设在宫中，称为“政事堂”，别称“都堂”。正宰相称作“同中书门下平章事”，简称“同平章事”；副宰相称为“参知政事”。最初，参知政事并不参与政事，但在太祖末年，参知政事获得了与同平章事同议政事、轮班掌印、押班奏事之权力。参知政事与同平章事在职位上的差别就此基本消失。参知政事权力的扩大，分散了同平章事的权力，形成了对同平章事的有力牵制；同时，也给同平章事提供了好的助手，是一项好措施。在宋代，人们把“中书门下”和“枢密院”称为“二府”，“二府”掌握着宋朝的中枢大权。

宰相办公的政事堂位于宫中，离皇帝最近，郭皇后误打皇帝之后，吕夷简很快得到通知，来与皇帝商量此事。皇帝怒气冲冲地给他展示自己脖子上的“爪痕”，吕夷简一边听一边暗喜。因为，吕夷简对郭皇后记恨很久了。为何？刘太后去世后，皇帝想清除刘太后的影响力，把一些人从朝中贬出京城，就在后宫逐个看名单。到吕夷简时，皇帝说：“吕夷简好像没有依附太后。”郭皇后随口说：“那可不一定，也许只是他掩饰得好吧！”就这一句，皇帝还真听进去了，吕夷简遭贬出京。吕夷简百思不得其解，想不到谁能识破自己的真面目。很快，与他关系密切的太监阎文应把帝、后之间的对话告诉了吕夷简，吕夷简因此对郭皇后怀恨在心，重回朝中后他想报仇却一直没机会。这次后宫闹剧，恰恰给了他一个扳倒郭皇后的机会，他能不好好利用吗？当即他痛批郭皇后行为失当，不配当皇后，支持皇帝废了她。

二、力阻废后

废后诏书一颁布，朝堂之上群臣哗然。绝大多数官员认为，郭皇后行为虽然出格，但那只是小错，并未酿成大错，为家里这点儿小矛盾就要夺去她的皇后封号，未免于礼不合，于人情有违，无法堂堂正正给祖宗和天下人交代。

面对大臣们的议论，仁宗皇帝有点儿慌。吕夷简给他鼓劲、壮胆，还举出历史上的废后故事作依据，说：皇上您看，汉朝的光武帝是明君吧，他就废过皇后啊。郭皇后居然敢打您，难道不该废吗？当然可以废了她！吕夷简支持甚至动员皇帝废后的消息一传出来，就激起文武百官的愤怒，他们决定去跟皇帝当面讲讲道理，把事情说清楚，以免皇帝偏听偏信，被吕夷简一面之词所蒙蔽。吕夷简当然不愿意他们见到皇帝，在他安排下，皇帝不出面，而是由吕夷简把范仲淹、孔道辅为首的一班大臣召至中书省，向他们说明废后一事。

首先质问吕夷简的是孔子第四十五代孙孔道辅，他说："对于大臣来说，皇帝、皇后如同自己的父亲、母亲，大臣对帝后要以儿子对待父母的方式对待他们。父母如果不和，儿子理应劝解，难道能顺着父亲的脾气把母亲给休了吗？"

吕夷简没有正面回答，只狡辩地说："汉朝、唐朝都有废后的先例啊。"

孔道辅反问他："做大臣的应当教他的君主向尧、舜这样的贤君学习，怎么能用汉、唐失德之事作为榜样呢？"

吕夷简当时被问得无话可说，回去向仁宗告状：那些大臣不听我的劝告，非要闹到皇上面前来，这可不是什么体面的事啊！

正说着，范仲淹、孔道辅等人已经来到垂拱殿外，要求仁宗皇帝收回成命。吕夷简叫人从里边把宫门关上，阻拦他们进入。众大臣在外面手执铜环，叩击门扉，呼喊皇上："皇后是天下人之母亲，不能轻易废黜，请让我们进去，好好把话说清楚！"

呼喊多时，宫门始终不开。众大臣心急如焚，也知道今天是无济于事了。于是大家商定，明天早朝的时候，发动百官跟吕夷简辩论。

商定之后，众人退去。却不知正中了吕夷简的缓兵之计。吕夷简对皇帝说：皇上您看这些人，居然敢藐视您的圣旨，这可不能纵容轻饶了他们！仁宗皇帝也发了狠、铁了心，再一次下诏说"谏官御史自今并须密具章疏，毋得相率请对”，意思是说，以后上的折子要密封，不得互相声援，免得你们互通消息，联合起来闹事！

范仲淹回到家中，夫人李氏已经听说了外面的事情。她出身于官宦家庭，深谙官场之道，再加上女人的直觉，隐隐感觉到不安。丈夫正直公忠，她很欣慰，但她也深知天子之怒会给臣子带来什么灾难。李夫人一定是跟丈夫说过自己的担心，求过他，劝他不要去招惹怒火中的皇帝和狡诈的权相，以免给家里带来不测之祸。面对夫人的担忧和哀求，看着三个年幼的孩子，范仲淹不会不明白自己的坚持可能真的会带给他们噩梦般的后果，不知道他心中有没有过一丝的不忍。在后来的诗句中，范仲淹曾说“妻子屡牵衣，出门投祸机”。他明白妻、儿的担心，也知道夫人的担忧是有道理的，他爱他的家人，但道义在身，他从来做不到把自己和家人的利益摆在优先考虑的位置。

星渐隐，天微明，穿戴整齐的范仲淹昂首出门，他已经想好了一腔言辞，想要驳倒吕夷简，劝回皇命。哪知刚到等候上朝的待漏院，就听到有诏传下：贬他到睦州任知州。当他返回家中时，朝中已派人赶到他家，催促他即刻离京！孔道辅等人，或贬或罚，无一幸免。

此时，尚在正月。繁华的京城，家家户户都沉浸在团圆喜庆的过年气氛中，范仲淹和家人却在“钦差”监督之下，离开了家，离开了京城。范仲淹的直，让他不可避免地与权势碰撞，也因此迎来了他第二次贬官生涯，“十口向天涯”，踏上南行之路。这次至城郊送别的人，已不很多，但仍有人举酒赞许说：“范君此行，愈觉光耀！”

在离开京城去往睦州的路上，范仲淹写下了“重父必重母，正邦先正家。一心回主意，十口向天涯”的诗句。此诗句取法于《大学》“修身齐家治国平天下”的纲领。只有家齐才能国治，作为第一家庭的帝王之家如果发生混乱，会对国家造成非常坏的影响。“分符江外去，人笑似骚人”“轲意正迂阔，悠然轻万钟”，有人笑他好似不幸的屈原，他却认为自己更像孟轲，只要道义能行于天下，高官厚禄无足轻重。

范仲淹的家此时又是什么情形呢？这时，他已经是五个孩子的父亲了。大儿子十岁，小儿子两岁。夫妻与孩子七人，加上照顾孩子的、做饭的用人，一共十人左右。一家人一路南下，登上船渡过淮河，其间还遇到了大风浪。

在睦州，范仲淹来到七里泷，寻访严子陵的遗迹及后裔，并下令在东台山麓为严子陵建祠堂，免除其四家后裔的赋税和劳役，要他们管好祠堂事务，并撰写了《桐庐郡严先生祠堂记》，颂扬严子陵的高尚情操。

范仲淹重视教育，每到一地即创建书院，到睦州后也不例外，他在梅城庙学原址上创建睦州第一座书院，融庙学与书院于一体。

梅城位于新安江、兰江、富春江汇合处，背靠乌龙山，面对三江口，常有水患。范仲淹主持修筑南北相连接的堤坝，疏浚梅城西湖等水利设施。范仲淹在睦州虽然只有半年，但他体察民情，政绩颇佳。老百姓非常怀念这位正直的州官，先后在梅城修建“思范亭”“思范坊”“范公祠”等，纪念这位“内刚外和”“所至有恩”的父母官。

第四节　宁鸣而死　不默而生

叶梦得《石林燕语》云："范文正始以献'百官图'讥切吕相，坐贬饶州。梅圣俞时官旁郡，作《灵乌赋》以寄，公以作赋报之。"梅赋以乌鸦为喻劝范仲淹不必直言以取祸；范赋遂答之，借乌鸦之言以言志。"宁鸣而死，不默而生"出自北宋名臣范仲淹的《灵乌赋》。

从睦州回到京城，范仲淹被委任为开封府知府。他在京城大力整顿官僚机构，剔除弊政，仅仅几个月，开封就"肃然称治"，取得了相当不错的政绩。只要他不再得罪什么朝廷的大人物，本可凭此政绩逐渐获得进一步提升，然而生性耿直的他，不仅不会阿谀奉承，而且看到朝政上的过失，不管是不是在他的职责范围之内，他都要理直气壮地提出批评。

当时的宰相吕夷简广开后门，滥用私人，范仲淹根据自己的调查，绘制了一张《百官图》，在景祐三年（1036）呈给宋仁宗。他指着图中开列的众官调升情况，说明哪些是正常的，哪些是非正常的。明眼人一看，就能发现非正常升迁者大都是丞相吕夷简的人。这张《百官图》无疑是对吕夷简以权谋私的一次有力揭露。不仅如此，范仲淹还连上四章，论斥吕夷简的狡诈行为。朝廷中一些刚正的大臣也支持并声援范仲淹。然而吕夷简老谋深算，很有政治斗争经验，他最清楚皇帝的忌讳。于是一道奏折递到了皇帝那儿，说范仲淹和声援他的大臣明显结成了“朋党”！仁宗皇帝果然敏感起来，不仅范仲淹被贬出京城，就连为他说话的尹洙、欧阳修等人统统被贬。

此次范仲淹被贬为饶州知州。饶州在鄱阳湖畔，从开封走水路到此地，至少须经十几个州。除扬州外，一路上竟无人出门接待范仲淹，范仲淹对此毫不介意，反而做诗道：“世间荣辱何须道，塞上衰翁也自知。”

不幸的是，没过多久，范仲淹的妻子李氏便病死在饶州，他自己也身染重病。在附近做县令的友人梅尧臣，写了一首《啄木》诗和一首《灵乌赋》给他。在《啄木》诗中，梅尧臣劝他不要像啄木鸟一样，啄了林中虫，却招来杀身之祸，面对贪官污吏不要过于耿直。《灵乌赋》中也是说范仲淹在朝中屡次直言，都被当作乌鸦不祥的叫声，劝范仲淹应学报喜之鸟，不要像乌鸦那样报凶讯而“招唾骂于邑闾”，希望他从此拴紧舌头，锁住嘴唇，除随意吃喝外，不要多言。

范仲淹回写了一首《灵乌赋》给梅尧臣，他在赋中斩钉截铁地写道，无论如何他都要伸张正义，坚持真理，不管人们怎样厌恶乌鸦的哑哑之声，他始终都是“宁鸣而死，不默而生”。

范仲淹的这句名言“宁鸣而死，不默而生”，和他的另一句名言“先天下之忧而忧，后天下之乐而乐”一样为世人所传颂，范仲淹也成了一代又一代中华儿女学习的楷模。

第五章

塞垣草木识威名

诗人黄庭坚的《送范德孺知庆州》，热情称赞范仲淹父子在边疆的功业：

乃翁知国如知兵，塞垣草木识威名。
敌人开户玩处女，掩耳不及惊雷霆。
平生端有活国计，百不一试薶九京。
阿兄两持庆州节，十年骐驎地上行。
潭潭大度如卧虎，边头耕桑长儿女。
折冲千里虽有余，论道经邦政要渠。
妙年出补父兄处，公自才力应时须。
春风旍旗拥万夫，幕下诸将思草枯。
智名勇功不入眼，可用折箠笞羌胡。

正如此诗所说，从范仲淹效力边疆开始，数十年间，范家人总与西北边疆、宋夏和战事关联在一起。称赞者不吝美词，毁谤者也总能找到可攻击的对象。

拿破仑曾说：“不想当将军的士兵不是好士兵。”士兵怎样才能当上将军？将军又如何才能成为名将？中国诗句道出了答案：“一将功成万骨枯。”有战争，才会有将军驰骋沙场、叱咤喑呜、施展才华的机会。也正因为如此，名将辈出的时代，意味着和平和秩序的缺失，意味着战乱和动荡，意味着百姓的苦难。

当然，也有反例。宋朝的范仲淹在西北守边数年，在如何看待战争、如何看待士兵、如何处理边疆问题上，为世人留下了另一种身姿。当然，作为父亲，范仲淹的身体力行为儿子们树立了榜样，他们秉持父亲的遗志，珍惜和平，珍视士兵的生命，注重大局，不谋私利。

宋朝开国皇帝赵匡胤定下了以文治国的国策，确保大宋境内不会有武人作乱。然而宋朝从未真正远离过战争。宋朝立国以来，边患不断。开国之初，先是与辽国之间交锋数十年，最终双方签订条约，接受了并存的现实，双方人民获得了和平的休养生息的条件。没想到，西夏的崛起和不断的侵扰让宋朝不得不在西北维持边防。

西夏是党项（羌族中的一支）人所建立的。唐僖宗时，党项首领拓拔思恭因为帮助平定黄巢起义有功，皇帝赐予他“李”姓，封其为夏国公。拓跋思恭成为唐末藩镇势力的一股，其武装被称为定难军。领地范围以夏州为中心，包括夏、绥、宥、银、静五州。随后又对新建立的北宋政权表示臣服。

北宋初年，党项内部出现分裂，与宋朝之间也不时发生战争。1032

年，野心勃勃的李元昊继位为党项首领。1038年，李元昊正式称帝，以夏州为国都，建立了一个与宋王朝对峙的政权，号称“白高大夏国”，因为它在宋朝的西方，宋人称之为“西夏”。西夏国土大致包括今宁夏、甘肃西北部、青海东北部、内蒙古一部分地区及陕西北部地区。其疆域方圆数千里，东至黄河，西至玉门，南接萧关（今宁夏同心南），北控大漠，幅员辽阔。

李元昊称帝，挑战了宋朝的尊严；李元昊的侵扰，扰乱了宋朝君臣的心绪。但宋朝君臣显然不了解李元昊的企图和实力。

第一节 宋夏之战

一、文人看轻西夏的代价：李元昊兵围延州城

李元昊的狂妄和越轨惹来宋朝人的一致声讨，但他们却并未把西夏和李元昊放在眼里，无论是文臣还是武将。这种轻视给宋朝带来沉重的打击。

李元昊称帝犯边，西北军情告急，宋朝派到西北地区的最高军事长官是范雍。范雍，字伯纯，进士出身，此时官拜振武军节度使，知延州（今陕西延安）。《宋史》说他“为治尚恕，好谋而少成”。范雍也是一个体恤百姓、正直敢言的好官，过去在处理边事时常常能为当地的羌民着想，做了不少缓和民族关系的事情。然而，李元昊不仅野心勃勃，而且诡诈多端，范雍的包容和涵养恰成了他利用的弱点。于是，李元昊派出使者给范雍送去一封信，说自己愿意改过，归顺朝廷。范雍相信了，立即奏报朝

廷，自己也放松了警惕。

1040年，李元昊开始了他攻打延州的行动。欲取延州，必须先拿下金明寨。第一步，他使用声东击西之计，先派兵攻打保安军，引诱范雍把延州兵力派了出去。然后，他使用诈降计夺取了延州正面的军事屏障——金明寨，忠诚可靠的寨主、羌族将领李士彬及其子李怀宝俱被擒，后来被杀，寨中原本归顺宋朝的数万羌兵精锐也被李元昊吞并。金明寨一失，延州直接暴露在西夏的军事打击目标下。

第二步，他设下“围点打援”之计。攻破金明寨后，李元昊率兵乘胜直抵延州城下。城内的范雍急坏了。延州城附近的兵力早已经被他派往别处，城内兵力仅有寥寥数百人。范雍是个文人，没有打过仗。此前有李士彬在金明寨坐镇，他在延州基本算是安全的。如今，猛将亡，军寨失，敌军压城却无人守护。数百人如何能挡得了号称十万的西夏虎狼之兵！无奈之下，范雍甚至想过议和的办法。他与另一位延州官员卢守勤商量后，打算让都监李康伯去和李元昊议和，李康伯不肯去。范雍没有办法，下了一道搬兵命令：派人去找鄜延副总管刘平，令他放弃原定计划，火速回军救援延州。

这道命令正是李元昊翘首以待的好消息！在攻破金明寨时，李元昊故意让李士彬的母亲和妻子逃脱重围，到延州向范雍报信。李元昊之所以这么做，就是在等待范雍下这道命令。这是李元昊心中酝酿已久的一条好计——围点打援！他的真正目标是消灭来救援延州的宋军有生力量。

二、武将自负轻敌的代价：喋血三川口

在攻打金明寨之前，李元昊曾派部队去骚扰保安军，范雍急调庆州的刘平火速赶往保安军。刘平风尘仆仆赶了四天刚到保安军，又赶紧会同鄜延副都部署石元孙一起奔赴土门，还没到土门，范雍的“搬兵令”就追来了——命令他火速回援延州！

刘平，字士衡，是个威名远扬的战将，还曾中过进士，人称“诗书之将”。然而，刘平有个最大的缺点，就是素来轻敌。他之前曾经写过一篇《攻守策》，文中认为李元昊的军队人数只有六万，根本不值得一提。刘平的态度正反映了大宋对西夏的轻视之心，认为“西夏不过如此”。接到范雍的“搬兵令”后，刘平根本没有细加分析敌情，更没有想这么多天的往返奔波却见不着李元昊的军队，这其中是不是可能有诈。看看他对部下说的话：“义士赴人急难，赴汤蹈火如同走平地一般，何况是国家大事！”可知在他心目中，李元昊或许只是不敢与他正面作战的懦夫吧！只要自己率兵回援延州，来犯之敌要么被吓跑，要么被消灭。因此，他与石元孙两人率兵日夜兼程赶往延州。当然，为了早点到达目的地，他们选择走最近的路。

当部队到达延州城外的三川口以西十里处时，刘平下令安营扎寨休息，此地离延州城大约还有二十里。他们作为延州城的救兵而来，此时，他们绝对不会意识到，就在不远的前方，将是他们最后的归宿。

天亮后，刘平与赶来的其他将领合兵一起凑足了万余人，联合向东行进五里，来至三川口畔五龙川。三川口位于今陕西延安市西北部，是洛

川、宜川、延川三条河流的交汇处，故名“三川口”。三川口有一处两山夹起来的葫芦嘴，李元昊和他的军队正守在积雪覆盖的山顶，静静地等着宋军进来。李元昊稳稳抓住了刘平自大的毛病和解围心切的心情，他赌刘平一定会走三川口这条路。不幸的是，李元昊赌赢了！

三川口一战，保密是关键，如果有半丝消息走漏，让刘平有所觉察，放弃三川口而选择别的路线进入延州城，擅长运动战却不擅攻城的西夏军就会有大麻烦了。令人费解的是，按照常理，进入险地，将领起码要派出侦察人员到前面去探探路再说。然而，素来轻敌的刘平太相信自己的实力了，认为五路大军如今会合一处，绝对是平安无事了。于是，他不但没有侦察，反而急令大军火速赶往延州。刘平率军进入葫芦嘴，李元昊一声令下，战鼓齐鸣，山上的西夏军蜂拥而出，摆出流星偃月阵出现在宋军的面前。双方的激战无比惨烈，宋军将领的勇猛可歌可泣。宋军的顽强超出了李元昊的想象，万人左右的宋军面对数倍于己的西夏军，毫不退却，击退了西夏军一波又一波的攻势！

这场厮杀可谓“天列战云，地涂膏血。旍随落叶翻卷，旗裹朔风瑟瑟”。宋军拼到只剩下一千人，依然在殊死战斗！《宋史》记载说刘平和石元孙所部坚持了三天之久，可能有所夸张，本书采用李焘的“力战拒贼”的说法。无论如何，宋军的坚韧却是不容抹杀的。然而西夏军队的数量优势是无法回避的，这一千人注定是无法逃脱悲壮的命运。三川呜咽，此役，猛将郭遵战死，刘平、石元孙被西夏军活捉，除黄德和率部逃回外，宋军可谓全军覆没。

三、大宋需要认真起来

三川口之役后，大宋朝野震惊，也开始反思失败的原因。有人说错在范雍的指挥不力，有人责怪刘平的轻敌。然而说到底，西夏能在三川口一战中大获全胜其实是拜大宋所赐。正因为完美利用了宋朝在西北所有的弱点，李元昊才取得了如此辉煌的胜利。范雍的确指挥不力，正是这位范老夫子的瞎指挥，宋军才不得不在冰天雪地中玩“折返跑”。范雍的确不是帅才，所以他没能看出李元昊“围点打援”的计谋。但是，把范雍派到西北前线的人可是宋仁宗赵祯。西夏雄兵犯境，西北边疆需要的是能征善战的大将，可是大宋是“以文治国”，国家的制度设计就是“文人指挥武将”。范雍无能吗？他其实是个难得的好官，也是个很好的管理人才，但却不是烽烟四起的西北战场所需要的人才！

另外，刘平轻敌是本次致败之一因，但大宋轻敌的远远不止他一个人。在三川口一战之前，大宋上下都没把李元昊瞧在眼里。大臣夏竦与范雍一同来到西北后，发现西夏的强大，屡次请求朝廷向西北增兵，然而却被朝中人看成是胆小怕事，甚至有人告诫夏竦，要拿出当年霍去病大破匈奴的气魄来。可是，此时的西北，哪有一个“霍去病式”的将领啊！此时的西夏正处于上升的强盛时期，其锐气也是当时已见落魄的匈奴无法比得上的。在这样的大气候下，刘平的轻敌是再正常不过的了。然而，骄兵必败，李元昊此次的成功的确与刘平的轻敌有莫大的关系。

李元昊的计划并非万无一失，而是有过两次落空的危险，也就是说，刘平有两次机会是可以避免全军覆没的。第一次，接到“搬兵令”后，郭遵曾向刘平建议，前面情况不明，宋军贸然前往延州大大不利，应该先回保安军，等情况明朗之后，再前进不迟，遗憾的是，刘平不但没有听他的，还急着想早一天回延州，失去了第一次机会。三川口被围之后，刘平还有一次机会。西夏军发动第二波攻势时，大将卢政率领的二百名弓箭手，用一阵漫天箭雨打退了敌人的进攻。此后，出于对地形的考虑，卢政建议刘平乘着宋军小胜的时机，下令军队战术性后撤，依山为背，等到天亮再决战。刘平还是没听进去，才让李元昊得到机会在夜里派轻兵渡河成功，使得宋军阵脚大乱。

范雍是一介文人，他不懂指挥也就罢了，可刘平是个久经沙场的战将，为什么却在此战中表现得如此愚蠢？三川口之战前，刘平没有进行必要的军事侦察，还犯了冒进的大错。战事起后，又没能组成统一的指挥中枢，宋军的指挥系统和军队建制在战事中统统失灵，这才会发生黄德和率所部溃逃的事情。同时，我们还有一个非常重要的疑问：刘平真的被围得走投无路，出不去了吗？《东轩笔录》的作者认为，因为金明寨已经落到了李元昊手中，刘平、石元孙所部的东北退路也就被掐断了，所以他们无法脱身。假设情况确实如此，那么黄德和又是如何中途从战场跑回到甘泉的呢？其实刘平还是有活路的，但一身傲气的他以后退为耻，宁可战死，也不后撤。“留得青山在，不怕没柴烧。”退兵难道就是怯阵吗？一时的退兵是为了日后有机会再战，大将刘平不明白这个道理吗？交锋中，李元昊为达胜利不择手段，机变百出，刘平则是一味硬拼而不会变通。

三川口一战，刘平的一身傲骨，临危不惧、带伤杀敌的胆气令李元昊震撼，仅剩下千余人时，居然仍能守住一方阵地，更让李元昊折服。大将郭遵如天神下凡般勇猛的身姿，令崇尚英雄的党项人心生崇敬。因为爱惜英雄，刘平被活捉以后，李元昊并没有杀他，甚至没有亏待他。刘平没有投降，也没能活着再回到大宋，最后病逝于兴庆府，落了个客死异乡的结果。与刘平相比，石元孙的命运不知道该说是幸运还是不幸。宋朝与西夏庆历议和以后，他被遣送回了大宋。作为北宋开国功臣石守信的孙子，他身上曾经有过的光环失去了，不少人视他为辱国之臣。不过，能够落叶归根，应该是他的幸运吧。

三川口战败的消息传来，延州城内的范雍绝望了。延州，是李元昊垂涎已久的西北咽喉之地，这次是否真的保不住了？延州城岌岌可危，大宋朝君臣又会如何解救呢？此时奇迹忽然出现了，李元昊居然莫名其妙地撤兵离开了！延州城保住了！宋朝上下齐齐惊叹："想不到啊，想不到！真险啊，真险！"经此一战，西夏国威、军威大振。大宋却在经历了三十年的"和平"以后，又一次真真正正地体会到了党项人的可恨与可怕。

三川口战败绞痛了范仲淹的心，他挥笔写下："哀哉中国士，化作城下土。冤魂不得返，杀气凌彼苍。天亦为之悲，白昼日无光。""此事天子忧，此心大夫辱。"

烽火狼烟，问天下，应时而出的英雄在何方？

第二节 韩琦的“战”

一、韩主战，范主守

三川口之战以后，康定元年（1040）五月，宋仁宗任命户部尚书夏竦为陕西都部署兼经略安抚使，任命庞籍为陕西都转运使，任命韩琦、范仲淹为陕西都部署兼经略安抚副使，共同措置延州一线的防务。号称“天下之选”的韩琦、范仲淹取代范雍来到西北，共同捍卫大宋的边境安宁。

这两人虽受命于危难之际却有分工，韩琦分管泾原路，范仲淹分管的是刚刚经过战火洗礼的鄜延路。两个人都是一代名臣，也很有交情。此次范仲淹能得以重新起用，可能与韩琦在皇帝面前极力推荐有关。同为精英的两个人到了西北以后，如果能同心合力，劲儿往一处使的话，李元昊恐怕很难再折腾出什么大动作了。遗憾的是，在对付西夏的战略上，两个人出现了严重的分歧。

韩琦，出身官宦之家，从小就很聪明，因此也是不服人、不惧人的。在担任右司谏时，他曾上了一道奏折，名为《丞弼之任未得其人奏》，抨击同平章事王随、陈尧佐和参知政事韩亿、石中立才能平庸，不能为民解难，结果四人同时被免，韩琦因此名震朝野。现如今他来到西北，西夏国之主李元昊也并没有被他放在心上。在他看来，大宋拥有雄兵百万，李元昊手下能打仗的顶多有五六万人，真的打起来，小小的西夏根本不是大宋的对手。他还认为，延州守将无能，胆小怕事，才导致了失败。对付李元昊，“以攻对攻”才是最好的办法。他主张，集中主要兵力，深入到西夏境内，找到西夏主力好好打上一场漂亮的歼灭战，直捣西夏王庭兴庆府。

那么范仲淹呢？他来到延州后，审时度势，采取了一条和韩琦大相径庭的路线。韩琦是以攻对攻，而他则要“以守代攻”，稳扎稳打。先充实兵力，加强训练，把兵练精之后再出兵控制战略要地，然后寻找机会打击李元昊。范仲淹很清楚，李元昊之所以选择延州为首攻对象，主要原因在于看到了延州防御力量薄弱这一情况。为了改变这一局面，范仲淹到任以后，一方面看准时机收复失地，一方面加紧修筑防御工事，巩固城防。正是在他这一主张的支持下，名将种世衡率部开赴宽州，凿井筑城，艰苦卓绝的奋斗带给西北边陲一座屹立不倒的青涧城。

攻城与守城是李元昊军事才能中最大的短板，假如宋朝此时采纳了范仲淹的战术，稳稳地筑城，一点一点地往宋夏边境延伸，李元昊估计就没辙了。种世衡将军建成青涧城后，李元昊就在他的对面建了一座遮鹿城。

可李元昊刚把城建好，范仲淹立即派兵马押监马怀德率军攻城。结果李元昊不但赔了一座城，还搭上了一员得力将领的性命。西夏人忌惮范仲淹，称呼他“小范老子”。他的办法虽谈不上什么高妙绝计，因为假如长时间一味防御的话，对大宋并不利，可是在当时的情形下，这套办法却是最有效的。在范仲淹的努力下，原本实力最薄弱的鄜延路，却没有让李元昊再讨到便宜，令他郁闷至极。既然从鄜延路找不到突破口，李元昊决定去找想跟自己打仗的韩琦。

康定元年（1040）九月，李元昊率领西夏大军又一次踏上了征途，这次，他的目标就是韩琦治下的泾原路。

二、白豹城胜利的“后遗症”

李元昊与韩琦，两位高手第一次交锋，以宋朝大将任福奇袭白豹城大获全胜而完美收场。如果单从数字来分析，可能很难分出双方谁高谁低，李元昊攻打宋朝镇戎军给韩琦造成的伤亡要大于西夏在白豹城的伤亡。可是，一次战役的胜利并不一定要用数字来衡量，还要看各自军事意图的完成情况。韩琦派任福攻打白豹城，目的就是把李元昊从镇戎军拉过来，那么，他的军事意图圆满实现了。因此，这一局，韩琦获胜!

这一场胜利的意义非同小可。喋血三川口之后，西北边疆弥漫着一种悲凉、落魄的气氛，宋军还没有从失败的打击中恢复过来。而白豹城一战之后，宋军调兵遣将，加强了各路防务，随后相继取得芦子关、招安寨、青寨堡、陇竿城、归娘谷及十二盘等战役的胜利。范仲淹也曾派葛怀敏、朱观等人六路进攻夏州，破坏西夏的兵工厂“铁冶务”，直捣西夏的洪州，把战线推进到了西夏的境内。一时之间，西北宋军的精神面貌焕然一新，终于从“西夏不可战胜”的神话中解脱了出来。

然而，事物往往具有两面性。这次的胜利却让宋军对战争的前景估计得过于简单，主战之声占据主导，遮蔽了其他不同意见。胜利也迷惑了韩琦部下的将领，初战告捷，令他们产生一种错觉，觉得西夏没什么了不起，刘平和石元孙的失败，只能说明二将的无能，并非对手的强大。骄心起时，离失败也就不远了。

三、好水川战鸽泣血

庆历元年（1041）二月，西夏军进攻渭州，逼近怀远城。大将任福率兵迎击敌人。出发前，韩琦叮嘱他千万不可轻敌，不要任意改变定好的行军路线和计划。然而不久，当任福遇到了西夏军，听说对方人数不多时，他忘记了韩琦的嘱咐，下令追击。西夏军扔下物资，假装西逃。任福只管在后奋力猛追，一直追到六盘山下的好水川（今宁夏隆德北），屯兵扎营，准备第二天继续追敌，争取不放走西夏一兵一卒。志得意满的任福将军却不知，自己早已上了当，中了西夏人的诱敌深入之计。李元昊先派小股部队，把任福一步步“钓”到了好水川这个地方。就在任福大步流星追赶西夏军时，李元昊率领着大队人马来到了终点——羊牧隆城。他在羊牧隆城的东南边、好水川口的东边布好了“口袋阵”，耐心地等着任福往里面钻。

第二天一早，任福领兵沿好水川继续向西追击。前方，好水川口，十万西夏劲旅正悄无声息地“恭候”他们的到来。忽然，任福将军的先头部队发现路上出现了一些银泥盒子，里面还有踢踏、跳跃的声音，这是什么东西？大家内心疑惑，但都没有轻举妄动，只是等任福赶过来再汇报。不一会儿任福来到，听完汇报后他虽然也觉得怪异，却没有一点儿危险意识，下令把盒子全都打开，看看里面到底是什么东西。宋军士兵听令去开启泥盒，哪知泥盒一开，一只只白鸽腾空而起，盘旋于宋军头顶之上，足有上百只，尖厉的鸽哨声在山谷中回荡。这鸽哨声，正是李元昊精心安排的攻击信号。这些盒子正是前一天李元昊派人安放的。

正在东面山上等待着的李元昊笑了，鸽子是他的“传令兵”。鸽子出现了，就说明宋军已经进入他精心布置的包围圈；鸽哨声响起，就是进攻的时刻。李元昊一声令下，早已埋伏好的西夏军队从山上蜂拥而下，把宋军死死地围在了好水川山谷，山口也有夏军死守，这正是“关门打狗”之势。

一见成群的鸽子飞向天空，任福立刻明白大事不妙，但一切都晚了。任福知道自己今天凶多吉少，但是作为一个珍惜荣誉的职业军人，他绝对不能退却，更何况此刻已无路可退。唯有进攻，才有机会杀出重围。然而，连续几天的追击，任福等人已经是人困马乏。更要命的是，为了能追上那批被当成诱饵的西夏军，他早已把步兵甩在了身后，所率领的三万人马此刻在身边的只有几千精骑。而对手李元昊，几天前已经在此修整军队，以逸待劳，而他的身后，还有着十万大军。虎将任福，已经难逃一劫了。

好水川激战之后，宋军主将任福英勇战斗，力战而死。宋军战死者一万三千多人，参战部队几乎全军覆没。

从白豹城一战成名到好水川兵败身死，任福将军的命运竟如此地戏剧化。他的失败再次证明：第一，西夏不可轻视；第二，轻敌骄傲乃兵家之大忌!

第三节　范仲淹的“守”

有学者注意到中国历史上的一个现象：从宋朝开始，每当边疆有强敌时，主战者会被认为是爱国的，此外，无论是主守者还是主和者，都失去了与主战者平等讨论的地位。只要不做出决一死战的姿态，就会遭到清议抨击，很容易就会被戴上一顶卖国的帽子，而不管其主张是不是真的具有战略、战术上的价值。历史书中不缺乏对气壮山河、攻城略地之英雄的歌颂，却不曾真正心平气和地、慎重客观地去分析具体事件中某位英雄行为的得与失。人类需要气节，但光凭气节解决不了云谲波诡的两国纷争。

范仲淹称颂任福的英勇，哀矜他的悲剧，但仍然冷静地分析：“任福是边关有名的将领，尚且摸不透敌人的实情，更何况其他人。”“边疆将士最喜欢夸耀勇敢，最怕被人说胆小畏敌。任福等人的确英勇，但逞一时之勇对国家是毫无益处的。”

面对大宋上下群情激愤要求复仇的言论，范仲淹引用孙子的话明确反对，“主不可以怒而兴师，将不可以愠而致战。合于利而动，不合于利而止”，此时万万不可深入敌境追击，“报国之仇，不可仓猝”。他还说，李元昊所用的计策正是“利而诱之”“怒而挠之”“引而劳之”，刘平当年上了当，任福跟着中了计，如果现在不考虑实情，只因为愤怒而出兵，那就是配合敌人的剧本把悲剧进行到底了。

因为兵败，韩琦和范仲淹都被撤了职。但不久，宋仁宗又让韩琦和范仲淹主持防御西夏的事务，这次采取了范仲淹的防守策略。从此以后，“陕西诸路总管司严边备，毋辄入贼界，贼至则御之”。

同时，宋仁宗还采纳臣下的建议，在陕西正式划分秦凤、泾原、环庆、鄜延四路，以秦凤路部署司事兼知秦州韩琦、泾原路部署司事兼知渭州王沿、环庆路部署司事兼知庆州范仲淹、鄜延路部署司事兼知延州庞籍，并兼本路马步军都部署、经略安抚沿边招讨使，分区防守，各司其职，负责各路军事。宋仁宗很明白，以后不要主动去招惹西夏人，他们不来就算了，来了诸位就各自管好自己的地方就行了。

崇尚气节也好，忧国忧民也罢，只有慷慨激昂的热情而没有安邦治国的真才实学，只能是夸夸其谈，其结果就是失败甚至灭亡。东晋的人们为什么盼望谢安？因为在谢安之前，满腹才学的清谈名士殷浩，怀着“以手中拂尘横扫北方前秦”的大志，却在北伐大战中一败涂地，最后躲在家里天天用手对着空中书写“咄咄怪事”，留下这个成语作为后人对他的唯一纪念。而殷浩的父亲曾说：“沉者自沉，浮者自浮。”这句话似乎可以用来总结所有沉浮于宦海之人的最终结局。

第六章

为官一任　造福一方

范仲淹是一代名臣，伟大的政治家。他对国计民生极为关心，对社会风尚极为敏感，其诗文有不少论政之作，表达他的政治主张，可以看出其不凡的识见。如《四民诗》分论士、农、工、商四民的作用及地位，充分表达了他对社会现实的思考。范仲淹非常重视道德建设的作用，张扬士大夫的道德风尚。《四民诗》其一《士》开篇即揭出为士之宗旨："前王诏多士，咸以德为先。道从仁义广，名由忠孝全。"对世风日下的社会现状深感不满："此道日以疏，善恶何茫然。君子不斥怨，归诸命与天。术者乘其隙，异端千万惑"，以至于"学者忽其本，仕者浮于职。节义为空言，功名思苟得。……末路竞驰骋，浇风扬羽翼。昔多松柏心，今皆桃李色。愿言造物者，回此天地力"。正是有鉴于此，范仲淹以他的人格魅力，为转变宋代士风做了不懈的努力，起到了巨大的作用。朱熹评价道："祖宗以来……至范文正时便大厉名节，振作士气，故振作士大夫之功为

多。”（《朱子语类》卷一二九）

范仲淹可称得上是一个道德完人，如果要特别抽出其中一些文字来强调的话，“清”字一定是必选。有论者统计过范仲淹的诗文，“清”字出现过九十四次。

从初入仕的基层小官，到执掌一方的大员，再到跻身国家最高权力中心，范仲淹达到了每任一官每担一职，便兢兢业业，全身心投入的境地。他胸怀天下，心念苍生，为官一任，造福一方。

第一节 筑堤治水

一、范公堤

天禧年间，刚过而立之年的范仲淹调到泰州西溪仜盐仓监。但因为前代所修的拦湖堤坝“捍海堰”年久失修，每逢秋天下暴雨时，湖水漫溢，淹没房屋和农田，并且使农田渐渐盐碱化。受灾民众只好四处逃荒，而且人数越来越多。按说这本是地方行政长官——知州该关心、关注的事情，但范仲淹却不肯坐视不问。他就向本地区最高长官——淮南东路发运副使张纶建议，急速修筑捍海堰。有人批评范仲淹越职言事，范仲淹不卑不亢回道：“我是管盐官，百姓们纷纷逃荒离开乡土，何以收盐？筑堰挡潮，正是我的分内之事！”长官张纶很欣赏范仲淹，采纳了他的建议，三次上表请修堤坝，并奏请朝廷任命范仲淹为兴化县县令，负责修筑泰州捍海堰。

修筑捍海堰开工没多久，一场少见的大雨袭来，湖水汹涌，冲击河岸。民夫和兵士们惊慌失措，四处逃散，陷入泥泞中淹死的有百余人。范仲淹在现场督工，与他一起的还有滕宗谅。滕宗谅与范仲淹同时进士及第，此时他担任泰州军事推官。他们一起劝大家保持镇静，说明利害，分析情况，稳定人心，让百姓们认识到修捍海堰之利所在，团结一心，继续修筑捍海堰。

但这件事仍被人上书朝廷，作为反对修捍海堰的理由。朝廷派淮南转运使胡令仪到泰州视察，准备停工。但胡令仪在视察后，认为这是一项值得坚持的工程，他全力支持范仲淹的修捍海堰方案，奏明朝廷后，继续开工。只是很快传来范仲淹母亲去世的消息。按照礼法和制度，范仲淹必须离职为母亲丁忧。在丧母的悲伤中，范仲淹还是念念不忘这项惠民工程，给张纶写信陈说修筑捍海堰的利害。张纶也是个有眼光、有胸怀的官员，范仲淹的一片赤诚之心令他感动。他三次上书朝廷极言兴修之利，请求亲自指挥修筑捍海堰，捍海堰终于在第二年修筑完成。有了捍海堰的护佑，水患不再，潟卤之地变成良田，两千多名逃亡民众陆续返回家园，往日萧条荒凉之地渐又兴盛热闹起来。“海水有时枯，公恩何时已”，当地士绅、百姓世世代代赞颂恩人的功德，把捍海堰称为“范公堤”。他们还在西溪修建了“三贤祠”，纪念张纶、胡令仪和范仲淹。

二、苏州治水

景祐元年（1034），范仲淹四十六岁，朝廷派他出任苏州知州。这项任命从当时的制度来说是破格的，因为根据原则，授官要回避本籍，而他自己亦有意避嫌。其时苏州遭遇水患，朝廷破例任命范仲淹为苏州知州。由于早年流落他处，范仲淹对故乡苏州怀有深挚的感情，因而履官苏州对他而言有着重要的意义。

范仲淹像

范仲淹就任知州的苏州是开拓极早，经济发达，十分富庶繁荣的江南大郡。这个地区在古代曾是吴国的疆土。吴王阖闾于公元前514年，委派丞相伍子胥，在其地兴建都城，周围四十七里，开辟水陆各八门。秦时其地属会稽郡，东汉始置吴郡，从会稽分出，有钱塘江以西之地，两晋、南朝郡名相沿不改，至隋代始更称苏州。唐时苏州领有吴、长洲、嘉兴、昆山、常熟、海盐、华亭七县。宋初苏州属江南道，太平兴国三年（978）改隶两浙路，领吴、长洲、昆山、吴江、常熟五县，范仲淹临政时情况正是如此。

苏州地形特殊，西接太湖，东临大海，东北濒临扬子江，东、北、西三面地势略高，中间则低洼，湖荡散布，塘浦纵横，号称“泽国”。这样的地形一方面提供了优良的稻作农业环境，为其奠定富庶的基础，另一方面则又容易发生水灾。苏州的父母官面对的主要问题，不是整饬吏治，开拓资源，而是整治水利，振兴农业。

范仲淹典治苏州对地方最重要的贡献莫过于整治水患，特别是疏浚

“五河”导流太湖，泄去积水，营救灾困民众达十万人，并且整顿田亩，恢复耕稼，由“苏常湖秀，膏腴千里”，成为“国家仓庾”。事实上，按楼钥《范文正公年谱》所说，范仲淹莅临之前，苏州已罹患大水，他到任后立即进行整治，但尚未完工他便移知明州。不过，因为江南东路转运使言其治水有成绩，所以一个月后范仲淹又奉诏调返。因此，范仲淹对水利事务的稔熟和处理水灾的经验，无疑是他能续任知州和取得辉煌政绩的主要原因。

景祐元年苏州所遭的水患，又是因为久雨霖潦，江河湖泊泛滥，积水不能退，造成良田委弃，农耕失收，黎民饥馑困苦。范仲淹上任之时，情况已经不佳，他不辞辛劳，驰赴灾区整治。所以他在回复恩师晏殊的信中说：“某伏自睦改苏，首捧钧翰，属董役海上。”《续资治通鉴长编》有言“州比大水，民田不得耕”，又说他“疏五河，导太湖注之海，募游手兴作”。这里并未道出治水实况，不过“募游手兴作”一句值得考索，意思是在工程当中，采取以工代赈的办法，寓救济于建设，以求一举解决社会与经济两方面问题。苏州的水灾，到九月间范仲淹从明州回任后，汹涌依然，为害甚剧，这可见于是时他所书的信牍。他在《与晏尚书》有言：“灾困之氓，其室十万。疾苦纷沓，夙夜营救，智小谋大，厥心惶惶，久而未济。”在上吕夷简的信中又说：“姑苏之水，逾秋不退，计司议之于上，穷俗语之于下。某为民之长，岂敢曲沮焉。”因此，范仲淹竭尽心智，与众协力，一方面紧急营救，一方面筹划疏浚河道。

苏州治水这两年间，除去一度因故暂时离任，范仲淹在这个江南大郡运用他的学识、才智、经验，全身心整治这个地区的水患，振兴农桑，并且开辟郡城，促进交通，开办府学，培养人才，提升学风，为时虽短，但是政绩斐然，百姓有口皆碑。

第二节　兴学育才

一、掌学应天府书院

北宋最著名的书院有四所：白鹿洞书院、岳麓书院、嵩阳书院和应天府书院。其中，应天府书院开办最早、持续时间最长，所育人才最盛，在宋代教育史上占有重要地位。

范仲淹与应天府书院的关系非同一般。在这里，他曾勤苦向学，讲习问道，终于成为“泛通六经”的饱学之士；在这里，他也曾为延揽师资、培育人才尽心尽力。

离开十二年后，他是如何再与母校结缘的呢？

一是，他的母亲去世了，他必须解除所担任的官职。古代的时候，父母去世后，子女按礼制必须持丧三年，其间不得行婚嫁之事，不得参与吉庆之典，任官者则须离职，称为“丁忧”。这一项制度源于汉代。宋代的时候，由太常礼院掌其事，凡官员有父母丧，须报请解除官职，服期满后起复，夺情则另有安排。因此，母亲去世，范仲淹从兴化县令职位上卸职离任，离开了热火朝天的捍海堰工地，回到南京（今河南商丘）的家中，为母丁忧守丧。办完丧事，会有两年多的空闲时间。

二是，天圣五年（1027）枢密副使晏殊被贬出京担任南京留守，大力扶持应天府书院。此时应天府知府是范仲淹同年的状元蔡齐。蔡齐比范仲淹大一岁，山东胶州人，是胶东历史上唯一的状元。蔡齐长得高大帅气，很有气质，“仪状俊伟，举止端重”。宋真宗一见他特别高兴，觉得这样俊秀的人又夺得状元实在太值得与民同乐了。于是传诏，让七名金吾卫士“清道传呼以宠之”，开辟了后世状元“跨马游街”的先例。蔡齐为人刚正，拒绝讨好权贵，被排挤出京城。后来他任宰相时，与权臣意见不合，辞去相职，出知颍州，死于任所。范仲淹为他撰写墓表，称他“以进贤为乐，以天下为忧。见佞色则嫉，闻善言必谢”。蔡齐与范仲淹有同年之谊，范仲淹掌学应天府书院，或许是蔡齐推荐给晏殊，即使是晏殊本人的想法，蔡齐也一定会赞成的。

在应天府书院掌学时，范仲淹常常住在学校内，制定各种法度，兢兢业业，一心扑在教育上，做到了“身正为范”。

他对学子的功课督促得很紧，连晚上也安排了功课。何时读书、何时吃饭、何时睡觉都规定得清楚明白。他还经常突击检查学子们的学习情况。晚上，范仲淹悄悄来到学子们住宿之所，如果看到哪个学子先回来睡觉了，就会把他叫起来询问早回的原因。学子说：“刚刚觉得困了，想先休息会儿。”范仲淹马上问他：“睡觉之前你看了什么书？”学子硬着头皮说出书名。范仲淹随手取出那本书，并出几道题现场考查，想蒙混过关的学子可就露了马脚。为了防备范仲淹的突击检查，学子们每天都老老实实完成学业。

许多曾经在此读书的学子，后来成为名士，比如“宋初三先生”之一的石介。

天圣五年，二十三岁的石介来到应天府书院，师从范仲淹，受其教育和影响颇深，这为他此后能够在比较年轻的时候就得中进士，成为北宋初年重要的思想家奠定了良好的学识基础。因为有这一段从学范仲淹的经历，石介在心里把范仲淹当成自己的道德和学问之师与益友。由于范仲淹的声誉，四方青年都纷纷慕名而来，一时出了许多人才。所以到了“庆历新政”时，他们都成了范仲淹改革的积极支持者。

“宋初三先生”之一的孙复，也在此时到应天府书院来见范仲淹。

孙复，字明复，号富春。他幼年丧父，家贫无助，但仍然力学不辍，饱读“六经”，贯穿义理。可就是运气不佳，四次考进士都没得中。失望之余，他便于三十二岁时隐于泰山，苦读苦修，人称“泰山先生”。

孙复比范仲淹小三岁，来应天府书院见范仲淹时已三十六岁。第一次见面，这位孙秀才表明来意：要钱。范仲淹给了他一千钱。第二年，孙秀才又来了，范仲淹又给了他一千钱，并问他：“你为什么要跑这么远的路来呢？”孙秀才一脸悲戚地回答说：“母亲老了我却没钱养她，如果一天能有一百钱，也就够了。”

范仲淹看着他，真心说道：“我看先生言谈气度都不是一个乞讨之人，两年来风尘仆仆在路上奔波，又能得到多少呢，反而会浪费掉大量的学习时间。我现在给你推荐一个学职，每月有三千钱可供你养母亲，你能安于学习吗？”孙秀才一听大喜，于是他留在应天府书院教授《春秋》。他不仅非常好学，常常不舍昼夜，行为更是修谨，深得范仲淹喜爱。天圣六年（1028）年底，范仲淹母丧丁忧结束，离开应天府书院后，孙秀才也离开了。

十多年后，泰山下出现了一位学问高深的泰山先生，以《春秋》教授学者，道德高迈，深得文名。朝廷征召他进京供职，原来这位泰山先生正是当年的孙复。如果不是范仲淹热心教育、爱惜人才，孙复难免会被贫穷落魄打败，再有冲天才气，怕也终是个老死乡野的悲剧。范仲淹深知此理，这更增强了他兴办教育的信念。

应天府书院还有一位名师嵇颖，他的外甥张方平很穷，此时就在他跟前读书，可因为他自己的经济状况也不太好，想接济外甥总是有心无力。范仲淹看在眼里，记在心里，对张方平时常给予照顾和关爱。张方平一直追随范仲淹，并考中进士，宋神宗时做了宰相。苏轼是张方平的学生。他和弟弟苏辙同时考中进士到达京城，见了欧阳修、张方平等人，认为他们各有其风采，很关心后学。然而这些名人不约而同地说：“最遗憾的是你没有机会见到范希文了！”那时范仲淹已经去世，这让年轻的苏东坡引为终生憾事。因为他从八岁起，就在心中把范仲淹视为偶像。

再有一个学子是富弼。富弼比范仲淹小十五岁，之前跟着父亲在泰州见过范仲淹。他志向远大，处事比较谨慎小心。范仲淹便教导他博通经史，增广见闻，鼓励他大胆应试制举，为国家干出一番事业。后来，富弼成为北宋中期的名臣，是范仲淹“庆历新政”的得力助手之一。山东青州有座三贤祠，合祭三位曾任青州父母官的宋朝贤臣，祠中有三贤像，三贤像中间是范仲淹，一边是欧阳修，一边就是富弼。

范仲淹还关心学子的婚姻。晏殊的女儿到了待嫁年龄，晏殊就嘱咐范仲淹替他物色个好青年做女婿。范仲淹就向晏殊推荐了张方平和富弼，并告诉他这两人都很好，各有长处。后来，晏殊把女儿嫁给了富弼。

二、庆历兴学

庆历兴学的主要措施有三项。

第一，路州军监各令立学。

庆历四年（1044），仁宗采纳了范仲淹的建议，颁布了兴学诏旨：“诏诸路州、军、监各令立学，学者二百人以上，许更置县学。”（《宋史·职官志》）兴学令下达之后，虽然路级办学未见于史，县级立学也鲜见，但州府、军、监设学却开始普遍。

第二，定“苏湖教法”为太学的教学模式。

“苏湖教法”为胡瑗所创。范家两位公子曾受教于胡瑗门下，致使范仲淹对“苏湖教法”备加推崇。为了改变传统太学的空疏不实，范仲淹极力向朝廷保荐胡瑗到太学任职，获得批准。当时因为胡瑗生病没能执教于太学，而其教学经验却迅速被太学所采纳。

第三，变革科考方式。

针对科考弊端，首先要求应考者须有一定学历，初次报考者“须在学三百日以上”，曾应试者也须在学一百日以上。其次，罢帖经、墨义等较为死板的考试形式，侧重以策论取士，并废除弥封、誊录等法。再次，除笔试成绩外，还要“参考履行”，以定去取。

由于“庆历新政”触犯了少数权贵的既得利益，而遭到他们群起反对。范仲淹被贬官出京后，庆历兴学随之潮落。不过，“苏湖教法”已经开始在太学植根。

三、花洲书院

“庆历新政”失败后，范仲淹罢参知政事，1045年，以给事中、资政殿学士身份来到邓州任上。

范仲淹在邓州重教化，轻刑罚，废苛税，倡农桑。一年后，朝廷命范仲淹移守荆州，而邓州百姓因感其恩德，绵延数里，跪道挽留。范仲淹为民情所动，终不忍行，遂上书皇帝，恳请留在邓州，皇帝也只好特许。

在邓州，放下了国家重担的范仲淹，终于可以过平常人的日子了。他饮酒览胜，讲学会友，“七里河边带月归，百花洲上啸生风”，“主人高歌客大醉，百花洲里夜忘归”。和朋友在一起，范仲淹一改平日的刻板严肃模样，或击鼓高歌，或迎风长啸，一派自在逍遥之相。

但是，邓州学校不兴，这让范仲淹忧心忡忡，思量要创办书院。他看到百花洲一带环境幽静，景色宜人，是理想的治学场所，百忙中谋划、筹资，修建了讲堂（春风堂）及学舍等建筑，创办花洲书院（因百花洲而得名）。公余之暇，范仲淹常到书院给学子讲学。一时，邓州文运大振，范仲淹以“春风堂下红香满”的诗句形象地予以描绘。范仲淹次子范纯仁、写出“为天地立心，为生民立命，为往圣继绝学”的张载、曾任邓州知府的韩维等，均曾师从范仲淹学于花洲书院。

在花洲书院，范仲淹写下了传诵千古的名篇《岳阳楼记》，“先天下之忧而忧，后天下之乐而乐”成为最感人的士人理想。

第三节 义田活族

范仲淹乐善好施，他用个人的力量资助家庭贫困的学生，接济落难者，抚养哥哥和堂弟的孩子……

俗话说："救急不救穷。"苏州范氏同族之内便有不少人家穷困潦倒，范仲淹深知，一个人的力量是有限的，即使他再愿意帮助族人，也无法满足族人每一次的求助愿望，也不能解决他们穷困的问题。自己终有驾鹤之日，除非他们有固定的经济来源，否则到那时，贫穷的族人又该如何生存呢？范仲淹反复思考着这个问题，一个计划慢慢在脑海中成形。

范仲淹用自己的官俸所得，在苏州长洲、吴县购买良田十多顷，把每年所得租米用来赡养宗族之贫困者，购买一些房屋收贮和发放租米，号称"义庄"。皇祐元年（1049），范仲淹赴杭州任，路过故乡苏州时与闲居苏州的范仲温商议有关义庄之事。十月，义庄办成。皇祐二年，范仲淹还亲自为义庄订立规矩，安排族中子弟负责管理义庄各项事宜，要求族中子弟都要共同遵守规矩。

义庄规矩中有几方面值得注意：义庄主要是周济宗族人的，兼及乡亲和姻亲；宗族发放对象不论贫富；粮食、布匹、奴婢口粮、红白喜事及其他急难事宜，周济范围非常广泛；周济对象特别照顾无经济收入的妇女，对再婚妇女并无歧视；义庄制定了相关的管理、监督规矩。

在范仲淹之后，他的儿子们接力投入到这项惠及宗族的慈善事业中。

第七章

重父必重母

范仲淹成长、成名离不开两位了不起的女人支持，母亲谢氏含辛茹苦，发妻李氏患难情深，这两人深深刻在他的心中。可惜的是，这两个女人都在范仲淹显达之前离世，没能等到自己的儿子、自己的夫君出将入相，为天下人所敬仰的那天，没能在他得“厚禄”后过上富贵日子，这是范仲淹终生的一件憾事。在对子孙俭朴的严格要求里，也渗透着他对这两个女人的怀念。“欲以养亲，亲不在矣，汝母亦已早世。……忍令……享富贵！”他真希望母亲能看到儿子今天的成就，不再受苦受累；真希望夫人此时能与自己一起奉养母亲，不再受奔波之苦！

尽管没能享受到富贵安稳的生活，但老母亲毕竟没有经历儿子三次被贬外放的颠沛流离生活，免了些担惊受怕，也算是幸运了。

第一节　母教典范

一、贵门之女

有句话说得好：一个成功的男人背后，往往有一个伟大的女人。李夫人之于范仲淹，就是这样的典范。

李夫人是唐朝名将李靖的后代，其家族世代居住在应天府楚丘（今山东曹县）。北宋初期的李家，用文学家曾巩的话说就是“族大而贵”，是当之无愧的名门望族。李夫人的伯父名叫李昌龄，是宋太宗朝的宰相。李家之人大都在朝为官，比如李克明担任过提点广东刑狱，李昌图官做到国子监博士，李昌言担任过太子中舍（后追赠为刑部尚书）。李昌言的三个儿子李晋卿、李仲卿和李耀卿均为进士及第，李晋卿担任过兵部侍郎。

那么，这样一个显赫的名门之家的女儿是如何与清贫的范仲淹结为夫妻的呢？是谁牵的红线，搭的鹊桥？两个人的红娘应该是范仲淹在南都书舍的同窗好友李纮。李纮之父李克明和李夫人之父李昌言是堂兄弟，李纮是李夫人的堂兄。

范仲淹能娶到李夫人也与他岳父家爱人才而不爱富贵的择婿原则有关。

北宋时，不少世家大族的婚姻往往注重门第，甚至大多数士人对女婿家背景的期望是“必须胜吾家”，李昌言却反其道而行之，他为女儿们选择夫婿的优先原则不是“金龟婿”，也不是“门当户对”，而是“寒士”，即有真才实学的青年才俊。令时人啧啧称奇的是，他眼光独到，善于识人，选中的女婿后来果然都大有作为，故有“李氏之门多贤婿”之称。比如，女婿范仲淹、郑戬（992—1053，字天休，苏州吴县人，早年丧父，发奋学习。1024年科举考试得中一甲第三名）、骆与京，皆是在未显达时被李家慧眼识中，成为李氏家门的东床。这三位连襟不仅才学称冠，而且官品端正，皆为宋代名臣。李氏家族的贤婿还有阎照、孔宁极等，孙女婿有范纯祐、曾巩、阎充国、滕甫、王陶等。

南都书舍最贫寒最刻苦上进的青年、西溪盐仓监范仲淹，因为家境、求学等种种外在原因，三十多岁仍然独身一人，没有成家。但其无论人品还是才学，都是出类拔萃的。这些综合素质，非常符合李家的择婿标准。因此可以推断，李纮向叔叔李昌言介绍了范仲淹的情况，建议他把一个适婚的堂妹许配给范仲淹，李昌言很快就同意了。

二、媒人李纮

那么，对于李纮介绍的姑娘，范仲淹会不会满意呢？先来看看李纮是个什么样的人。

李纮，字仲纲。进士及第，历任监察御史、殿中侍御史，后相继任梓州、陕西、河北路转运使，又为三司度支副使，出使契丹，载誉而归。史书评价他："方介有吏材，笃于交游。"李纮在很多方面与范仲淹类似。他正直耿介，很有为官施政的才能。比如，他担任殿中侍御史时，皇城司一名小卒诬告有些商人是契丹间谍，朝廷派人调查，许多人被抓进监狱。后来朝廷改派李纮负责审讯调查，案件很快真相大白，无辜者免罪，诬告者下狱。

李纮正直敢言，不避权贵。景祐三年（1036）范仲淹得罪权相吕夷简，第三次被贬出京，落职饶州，大臣们担心被牵连落得"朋党"嫌疑，不敢与他多接触，而李纮和王质却敢于冒着被株连的危险，驾着车、载着酒潇洒地来到郊外为范仲淹送行。这样的一个耿介之人，他认可的人应该不会错！

事实上，李纮与范仲淹两个人交情确实很好，范仲淹写过《送李纮殿院赴阙二首》，其中一篇写道：

寂寥门巷每相过，亲近贤人所得多。

今日九重天上去，濉阳孤客奈愁何？

从诗中可以看出，范仲淹称李纮为"贤人"，从他身上学到了很多，自己很有收获。现在，好朋友好兄弟要进京履职了，他走之后自己再没有能随时谈天说地的好邻居了，想到此处，范仲淹为李纮高兴的同时又有一丝怅然。

三、李家的女儿

李夫人到底是个什么样的人呢？《范仲淹全集》中没有她的墓志铭，史书中也没有详细记载，我们只能从她的兄弟姐妹身上还原她可能的风采。

李夫人去世很早，她的丈夫和儿子们都还没有出将入相，当时没有人刻意保留她的资料。时逾千年，更是难寻芳踪，甚至宋代留下那么多墓志铭，却没有发现她的。想要凭记载来勾勒、还原这位不凡女性的生活，实在是一件难事。幸运的是，她还有几个姐妹，寿命较长，她们去世时已经获得了很高的身份地位，可以请到当时的名人来写墓志铭，铭文也因此随着这些文人的著作保留了下来，比如她姐姐的墓志铭是“唐宋八大家”之一的曾巩撰写的。李家教养女儿很有方法，从她的姐妹们身上，我们试着寻觅李夫人的影子。

让我们通过他人之笔触看看李家的女儿。嫁给骆与京的那位姐姐生于984年，去世于嘉祐八年（1063），时年八十岁，非常高寿，曾巩为她撰写了墓志铭。

曾巩《永安县君李氏墓志铭》称赞李夫人的姐姐：“仁孝慈恕，言动必择义理。事父母不违其教，事舅姑不违其志，事夫顺而有以相其善，遇子至于内外属人，一以恩而不违于礼。”李夫人的姐姐受到过良好的教育，懂得义理。未出嫁时能够听从父母的教诲，出嫁后能孝敬公婆。对丈夫温柔和顺，对子女及家庭中子侄和用人都很和善，言行举止都符合礼仪规范。

嫁给郑戬的那位妹妹于嘉祐三年（1058）七月去世，享年六十二岁。她的女婿、未来的宰相王珪为她撰写了《丹阳郡夫人李氏墓志铭》。这位李夫人嫁给郑戬时，郑戬还是在京师游学的一介布衣。出身高贵的李家小姐一点儿都没有嫌弃夫家的贫穷，“居平晏如”，安然自乐。郑戬身居高位后，她治家也很有办法，穿衣用度不喜欢奢侈浪费，喜欢安静的居住环境，家里后来连丝竹之声都很难听到。她做事讲法度，性情“端厚沉粹，有德量”，“天性仁厚”。丈夫去世后，她对夫家郑氏家族、母家李氏家族，能够“恤孤振穷，岁时无疏戚与均”。她儿孙满堂，深受爱戴，最终恬然而逝。

总而言之，李夫人的娘家是书香门第，家里门风严谨，注重子女礼仪和品德教育。李夫人和姐妹们受到了良好的教育和优秀的家风习染。

范仲淹所娶的李夫人可能是李昌言家三小姐。李夫人的闺名已经不可考，二十三岁左右时与范仲淹结婚，那时范仲淹还只是一个泰州西溪的盐仓监。

十三年后，李夫人病逝于丈夫贬官之地饶州，追封金华县君。县君是古代妇人封号名。李夫人出身名门，却半世飘零，从未享受过安稳的日子，她很可能是李家兄弟姐妹中辞世最早的。

李夫人绝对是范仲淹生命中不可或缺的人，是他生命中的贵人。她与范仲淹做了十三载夫妻，为他生下了五个子女。

四、贤妻良母

妻子对于家庭而言，是非常重要的。她们往往要承担起管理家业、协调家族内部关系的重任；她们的活动，直接关系到家族事业的前景。司马光曾经说过：“妇者，家之所由盛衰也。”

李氏家族多年在南京聚族而居，范仲淹成婚后也在南京安了家。在外任职期间，李夫人带着孩子就住在南京家中，范母谢夫人也跟他们住在一起，平日里少不了得到李纮等李氏族人的照顾。谢夫人去世，范仲淹丁母忧，居南京。范仲淹在南京“不出户庭，独守贫素”，常来常往的只有李纮。作为好友兼大舅哥，有李纮在，他不至于太感无聊。范仲淹称赞他为贤人，觉得与他交往自己受益颇多。但是，李纮被派到都城汴京担任殿中侍御史之职，要离开南京，范仲淹心中不禁有几许惆怅、几许落寞。我们可以体会出一种真挚的手足之情。

明代有位贤相，叫李贤。他的母亲叶氏去世较早，李贤做官后非常怀念母亲，想到自己如今无论俸禄再多，对母亲已无法尽孝，不禁无限惆怅。后来，明宪宗诰赠其母叶氏为一品夫人，称赞叶氏抚养李贤就像范纯仁的母亲抚育范纯仁一样，这让李贤非常欣慰。由这个例子能够看出，在后世士人心目中，范仲淹之妻李夫人是一位母教的典范。

元祐元年（1086）三月，作为范纯仁的父母，范仲淹被追赠为楚国公，李夫人被追封为卫国太夫人。《范仲淹全集》收录了诏书《赠太师楚国公卫国太夫人诰》，其上清楚写着范纯仁母亲李氏“乃祖唐相”。这倒是有点意思，夫妻两个都有一个当过唐朝宰相的祖先。诰词称赞：“具官范纯仁母李氏，山河之容，江海其行。其君子正直，有羔羊之德；其后世信厚，有麟趾之风。宜锡褒荣，以慰存殁。乃祖唐相，实启卫国之封；眷我枢臣，愿为密章之赠。贲于幽壤，尚克嘉之。”

与范仲淹成婚时李夫人二十三岁左右，在北宋也算是晚婚典型了。她是出身名门的大家闺秀，贤惠善良。此时的范仲淹在李家的帮助下，加上自己的俸禄，在宁陵、永城购置了庄田。为了尽孝，成婚后夫妻俩就把范仲淹母亲谢夫人接来赡养，和小夫妻同住在一个屋檐下。慈母、爱妻，加上年底出生的儿子，这是一个美满的家庭，应该也是青年范仲淹渴望过的幸福生活。他终于完成了“自立门户”的夙愿，终于拥有了一个真正的、完完全全属于自己的家！尽管不是那么富足，但是有什么比得上心爱的人都在身边呢？这一段天伦之乐，不知是一幅多么美好的画卷。

也许是，一起伴着晨风，吹开炉膛的火苗；也许是，厨房煎炒之声，响连四壁；也许是，炊烟袅袅到前庭；也许是，看着母亲多吃了几口饭的相视一笑；也许是，挑灯夜读时添上的一件衣……红尘俗世间，泱泱众生的美满生活莫过于此。只是当时，未必识得！

这样的画面深深铭刻在范仲淹的记忆深处。

许多年以后，身居高位，名满天下，儿孙绕膝，似乎拥有了一切的范仲淹，内心却有着深深的遗憾：那两个他最爱的女人，无法享受他今天的一切荣耀！富贵虽在但遗憾无尽，他真想让她们也能享两天福啊！

范仲淹第一次被贬官那三年，李夫人带着孩子们留在京城家中——据说是一个名叫“苦竹居”的地方——独自抚养四个年幼的子女，累出了一身的病。

李夫人一定忘不了范仲淹第二次遭贬的情形，那是被皇帝派来的人看着他们离开家的！生长在中原地区的李夫人，与丈夫一起“十口向天涯”去睦州时，恐怕是她第一次乘船。淮河上的风浪令她心惊肉跳，没有时间害怕，来不及赞叹江南的秀美风景。拉扯着五个孩子，大的十岁，小的两岁，她忙得焦头烂额。

范仲淹携家小南迁，并留有“一心回主意，十口向天涯”的诗句。另在《赴桐庐郡淮上遇风三首》诗中写道：“平生仗忠信，尽室任风波。”“妻子休相咎，劳生险自多。商人岂有罪，同我在风波。”又在《出守桐庐道中十绝》诗中写道：“一意惧千古，敢怀妻子荣。”“妻子屡牵衣，出门投祸机。”这些诗中不但渗透着夫妻同患难的深情，还处处折射出妻子对他“相咎”“屡牵衣”的政治关怀。

在京城外两年后，范仲淹终于被调回京城，当上开封府尹。颠沛流离的生活似乎要结束了。不料，半年后，范仲淹第三次被贬，是以“朋党”论处，被禁军抄家，派去更偏远的饶州！李夫人身心深受打击！

李夫人早已经积劳成疾，却仍强撑病体，带着五个孩子，陪着丈夫南下鄱阳，到达饶州任所。三个月后，李夫人因病辞世，给丈夫和五个孩子留下了刻骨的伤痛。诗人梅圣俞到鄱阳吊唁，在为李夫人写的悼词中述说了范仲淹的丧妻之痛：他宛如江边那失去伴侣的孤鹤，哀伤悲鸣……

李夫人生育了三个儿子、两个女儿。长子纯祐，生于1024年；次子纯仁，生于1027年；三子纯礼，生于1031年。关于两个女儿的出生时间就没有记载了，不过根据一些文献资料，这两个女儿都是纯仁的姐姐、纯祐的妹妹。如果这是事实的话，说明李夫人四年生了四个孩子，生育频率就太高了。有学者认为，没准儿是后人记错了，第一个女儿可能是纯祐的姐姐，这样才比较合理。如果范仲淹长女是纯祐的姐姐，那么范仲淹和李夫人结婚的时间就得往前推了。

不管怎样，范仲淹与结发妻子李夫人情深意笃、其乐融融是不会假的。他的母亲谢夫人，住在儿子的家里，看着儿子越来越有出息，大家闺秀出身的儿媳妇又那么贤惠孝敬，会操持家事，孙子、孙女聪明可爱，老太太的心里别提多高兴了。范仲淹成家之后，便没有了后顾之忧，开始积极投身于他热爱的事业。范仲淹三十六岁成婚，三十八岁那年母亲去世，其间他大部分时间在外地做官，老夫人去世前这两年，是儿媳妇和孙子、孙女陪着她度过了最温馨的余生岁月。

五、夫妻情深

李夫人深明大义，全力支持丈夫勤于政务，献身朝廷，自己担当起赡养婆婆、招待亲友、相夫教子的全部家务，为这个政治风浪之中的家庭营造了一个温馨的气氛和避风的港湾。范仲淹曾经对儿子们回忆他们的母亲的贤惠与辛劳时说："吾贫时与汝母养吾亲，汝母躬执爨……"仅一个"躬"字，便知李氏的妇道之深，亦知范仲淹对她一往情深。

史书上记载，范仲淹喜爱结交朋友，大部分俸禄用于招待各路穷朋友和前来求学之士，后来又开办接济范氏族人的义庄，妻子和孩子们仅仅能衣食自充。这一切，如果背后没有李夫人这位善良女性的支持，恐怕范仲淹也是难以做到的。据说，范仲淹经常抚着李夫人的背，感谢上天把她赐给了自己。

不幸的是，由于积劳成疾、家境贫寒，加上累遭打击，景祐四年（1037）李夫人病逝在范仲淹任职的饶州，抛下了十四岁的长子纯祐、十一岁的次子纯仁、不满七岁的三子纯礼和两个女儿。

梅尧臣曾前去吊唁，亲眼见到了痛失爱侣、伤心难掩的范仲淹。此时的范仲淹不是伟人，不是一世之师，不是开两宋士人风气的第一人，而是一个真实的中年丧妻的普通男子。他的手不停地抚着爱妻的棺椁，他的哭声像绝望的孩子一样响亮凄清，他讲述着与妻子共同经历的患难，他难忍泪水任它打湿衣襟，他形容委顿、哀伤憔悴。

梅尧臣写的两首挽词中记载了这一切。

范饶州夫人挽词二首（其一）

梅尧臣

听饮大夫日，止言京兆辰。常忧伯宗直，曾识仲卿贫。

蒿里归魂远，芝山旅殡新。江边有孤鹤，嘹唳独伤神。

这首挽词中用到了两个典故——“伯宗直”和“仲卿贫”，用来比拟范仲淹最为恰当。

伯宗直：伯宗为晋国大夫孙伯纠（也叫伯起）之子，也是大夫。伯宗才识超群，贤而好直谏。多次重要场合，他都能精妙地帮助国君分析形势，力排众议，作出正确的决策，给国家带来好处，深得晋国国君的信任。

伯宗的妻子贤德聪慧。

一次伯宗退朝面带喜色，妻子问：“你面带喜色是为了什么？”伯宗回答：“我在朝中讲话，大家都说我机敏善辩像阳子（晋国太傅阳处父）一样。”妻子说：“阳子这个人华而不实，善于言谈但没有谋略，所以最后身遭祸害。你像他有什么可高兴的？”伯宗又说：“你不相信吗？那我请大夫们来家里聚会，一起饮酒、交谈，你听听就知道了。”妻子说：

“好啊。”

等到饮罢散了席，伯宗等着妻子夸奖自己。妻子说：“这些人的确比不上你，可是人们从来就不愿拥戴超过自己的人啊！你肯定会遭受灾难的，还是尽快为我们的儿子寻找保护人吧。”伯宗听从了妻子的劝告，为儿子找来一位贤臣做保护人。

后来，晋国发生内乱，那些平日嫉妒伯宗的大臣诬陷他参与谋反，伯宗被冤杀。幸好有妻子之前的建议，伯宗的儿子逃过了此劫。

梅尧臣同情范仲淹，把他比作伯宗，称赞李夫人像伯宗夫人一样贤德聪慧。但如今挽歌声中，芳魂已远去，鄱阳的芝山上新增了暂时安放的灵柩。

仲卿贫：咏贫士生活凄凉。用的是西汉人王章和他妻子的典故，仲卿是王章的字。

王章是泰山钜平人，做过谏大夫，官至京兆尹，在朝廷上向来有“敢直言”的名声。他早年非常穷困，与妻子相伴到长安求学。一次，王章病得厉害，没有被子，只能卧在牛衣（给牛御寒的草褥子）中，凄苦绝望，想着自己快死了，哭着跟妻子说着诀别的话。妻子怒呵他：“仲卿！京城里朝廷上那些尊贵的人，谁能比得上你？现在遇到一时的贫病困苦，不自己振奋起来，反倒在这儿抹眼泪，太没出息了！”在妻子的不离不弃和激励下，王章才挺了过来。但是，后来因为没有听从妻子的劝告，得罪了辅政的大将军王凤，被王凤冤杀。

范饶州夫人挽词二首（其二）

梅尧臣

君子丧良偶，拊棺哀有余。庄生惭击缶，潘岳感游鱼。

夕苑凋朱槿，秋江落晚蕖。犹应思所历，入室泪涟如。

梅尧臣显然很了解范仲淹和李氏的状况。再一次强调，范仲淹娶妻时仍是十分贫寒的。李夫人则始终与丈夫恩爱情深，患难与共，不离不弃。李夫人跟着范仲淹的一生，用担惊受怕来概括并不为过。不明白李夫人在范仲淹心目中的地位，就无法真正读懂他的心灵创伤，也读不懂他后来诗句中抹不去的哀伤与深情。

四十八岁的范仲淹中年丧妻，承受着心理上的巨大创伤，割舍不了对妻子的无限眷恋，他没有马上将亡妻就地葬于僻远的饶州，而是将棺椁置于衙斋，待机扶灵柩送回老家。恰在此时，即景祐四年（1037）十二月，他接到朝廷将其调任润州（今江苏镇江）的诏令，于是携带着夫人的灵柩同行，到润州后将灵柩妥善安置在瓜洲寺中。在写给朱氏亲人的信中，他说："你们六婶（范仲淹在朱家排行老六）的灵柩暂安瓜洲寺，我心中真是悲痛啊！悲痛啊！"

对于李氏的恩德，范仲淹时刻铭记在心，不但经常向儿子们讲述她的事迹，而且移情报答于李氏的娘家亲人，若干年后他向朝廷奏请对李氏的侄子李通给予官职的恩荫，又牵线搭桥，将连襟郑戬的侄女与李通婚配，在事业与生活上一直给予李氏亲人无微不至的关怀。

李夫人去世对范仲淹的打击到底有多大？作为"不以物喜，不以己悲"、以国事为重的一代伟人，似乎很难发现他情感世界的隐秘。但是，只要看看他在妻子去世后的诗文就可以看到一些端倪。他的苦闷甚至要通过道家的虚无思想来纾解。

范仲淹不是梅尧臣，所以从他的诗文中找不到清楚明白写着的“悼亡诗”。但是，如果你读过《苏幕遮·怀旧》这首词，你就会明白他心底的爱与痛。

碧云天，黄叶地。秋色连波，波上寒烟翠。山映斜阳天接水。芳草无情，更在斜阳外。　　黯乡魂，追旅思。夜夜除非，好梦留人睡。明月楼高休独倚，酒入愁肠，化作相思泪。

这首词写于1040年，此时李夫人已离世三年，范仲淹来到边疆，想起十多年间妻子一路相守相伴，此时他却形单影只。诗人江淹说“黯然销魂者，唯别而已矣”，何况范仲淹与妻子是生死永隔！只有梦里的相见才能让心稍安，但是明月却总勾起思念，喝着酒，不知何时泪已下。这是一个真实的范仲淹，一个思念亡妻柔肠寸断的男人。

李商隐有诗句：“此夜西亭月正圆，疏帘相伴宿风烟。梧桐莫更翻清露，孤鹤从来不得眠。”月夜，范仲淹常常难以入睡。他承认，自己就是梅尧臣看到的“孤鹤”。

“浊酒一杯家万里，燕然未勒归无计。羌管悠悠霜满地。人不寐，将军白发征夫泪。”他的柔情甚至还被欧阳修取笑，说他写的诗幽幽怨怨，哪像个大元帅！

“无情未必真豪杰，怜子如何不丈夫？”前往边疆时，他只带着十七岁的长子纯祐，其他四个孩子都送回了李家寄养。有家人的地方就是家，他对家中孩子们的思念常常流露在笔端：

三月二十七，羌山始见花。将军了边事，春老未还家。

花甲之年，范仲淹在邓州写下《怀庆朔堂》，抒发他对鄱阳治所的怀念，而李夫人正是病逝于鄱阳，诗中也有借花怀念妻子之意，“年年忆着成离恨”，真是一往情深!

第二节　继室淑贤

一、聂夫人

结发妻子李夫人去世之后，很长一段时间范仲淹独身一人。多年之后，才续娶了一位姓聂的女子为继室。

史书中难以寻觅聂氏的讯息，《范仲淹墓志铭》上未载，范氏家谱也没有她的名字。细心执着的专家们还是透过重重迷雾找到了她存在过的痕迹。

陕西师范大学李裕民教授说：我查了许多材料，终于破解了这个谜，确证她姓聂，是续娶的妻。证据是范仲淹写给朱氏的信，摘录如下："某到忻（今山西忻州）、代（今山西代县），病嗽……远承诲问，为慰极多，所议南郊异姓之恩，已发却多日，为妻舅聂升十口日有沟壑之忧，且逐急处行也。吾仁青春已在馆殿，三五年间必有异恩于一第，不足为忧。"

信中说“到忻、代”，范仲淹一生到那里只去过一次，那就是庆历四年（1044）八月至年底，宣抚河东各州、军之时。此时距李氏之死已七年。

还有一封给哥哥范仲温的信也谈到此事：“郑资政书来云：今年奏李七郎作李通名字，所以却奏聂舅。今田居安去本房问，如郑资政不曾奏李通，或奏不得，即改聂升。”范仲淹在写给纯仁的一封信的语气上，把“聂升”呼为纯仁的“聂舅”。

郑资政，即范仲淹的连襟郑戬。庆历元年（1041）五月辛未，郑戬始加资政殿学士，罢枢密副使，出知杭州；庆历二年十一月知永兴军；庆历三年三月任陕西安抚招讨使；庆历四年二月再知永兴军；庆历六年，加大资政知并州。庆历元年十一月冬至，祀天地于圜丘，大赦，改元；庆历四年十一月，又行南郊之礼。故范仲淹此信很有可能写于庆历元年十一月，为妻舅聂升十口之家生活困难而乞南郊异姓恩泽。

聂夫人家世不详，不知道是不是五代学官洛阳（今属河南）人聂崇义的后人。也有专家猜测，范仲淹发妻李夫人之母姓聂，聂夫人或许是岳母娘家之人。聂夫人生下范仲淹第三女后不久就去世了。

二、张夫人

张夫人是范仲淹第四子范纯粹的母亲。感谢考古发现了张夫人的墓志铭，让后人得以管窥这位女性的一些片断，可以看到这位从小在范家长大、沐浴着范家家教的夫人是如何教育自己的儿子的。

根据墓志铭的记载，张夫人是钱塘人，生于1022年，卒于1092年，活了七十一岁，在当时属于高寿。张氏出身于普通的人家，父亲名叫张亢。

年幼时，家人请人给她占卜看相，看相人说她是日后能够“显父母”的贵人，父母心里非常高兴。1034年秋天，范仲淹移守乡郡姑苏，和李夫人带着儿女们来到苏州。一家人在苏州居住了三年左右，张氏可能就是在此时来到范家当侍婢的。那时，她只有十三四岁，只比范家大公子纯祐大两三岁。她的工作应该是帮助李夫人照看几个年幼的孩子，处理一些家务事。1037年，李夫人去世时，五个孩子中，最大的十四岁，最小的不满七岁。那时，张氏十六七岁，此后便担起了照顾孩子的责任。

张氏跟着范仲淹夫妻，经历了范仲淹的多次被贬，与他们风雨同舟。李夫人因病去世大概十年后，范仲淹继娶张氏，1046年张氏在邓州生下范仲淹的第四子范纯粹。

1052年，范仲淹去世，范纯粹年仅六岁。去世前他对张夫人说：“这个孩子长大后会很有出息，可惜我见不到了！等他长大一些，你一定要让他知道我一生的所作所为。”范仲淹一生清俭，死后家人非常穷困，张夫人从来没有因此而有任何的抱怨。丈夫死后，张夫人独自持家、抚养幼子，时时刻刻不忘范仲淹立下的家教，敦促儿子成为父亲那样气节高尚、勇于担当的人。

范纯粹刚刚开始上学，张夫人就告诉他父亲的遗愿，勉励他好好向学。等范纯粹到了少年时期，张夫人又时时告诉他父亲所秉持的治身治家之法，为范纯粹树立榜样。范纯粹入朝为官以后，张夫人就反复告诫他父亲所主张的事君原则。她对范纯粹谆谆教导，反复训说。柔爱在心，严厉在色，同族的人都很尊敬她。

范纯粹担任中书检正官时，因为正义直言触怒了掌柄大臣，被定罪免职，回家后他担心母亲难过，正考虑着如何开口说这件事，此时张夫人说：“我跟着你的父亲，不知道经历过多少次贬黜，正直之道是不可废的，丢了官有什么损失？如果你留恋爵禄，逢迎他人，这难道不是父母的耻辱吗？”

范纯粹担任陕西转运副使时，朝中有些人想要再度兴师作战，范纯粹上书极力反驳，力陈战争不是上策。很多人担心他可能会因此遭遇不幸，张夫人却安慰儿子，还夸奖他说：“真是没有给你父亲丢脸，你能够在重大的事情上坚持真理是了不起的，别担心失去俸禄而不能养我，我什么情况都能安心接受。”

第三节　范家儿媳

范仲淹家择儿媳较重妇德和出身，几个儿媳都贤淑知礼，出身于有一定文化知识的士人家庭。这些家族的女子由于家庭熏染，具有相当的德行和文化，素质较高。不难想象，作为母亲，她们的知书达礼对儿女先天资质和后天修养产生的影响。她们操持家务，相夫教子，使家中男子能够专心学问或举业，增大了成功的概率。她们构成了维系范家家声不坠的重要一环。

一、四个儿子的婚配

长子范纯祐的妻子姓李，是他的母亲李夫人家族的女子，两人属于亲上加亲的婚姻方式。有一子，名叫范正臣；一个女儿，嫁给了“故人子”进士元殳（shū）。元殳生平籍贯不详。范仲淹曾为元奉宗（961—1038）作墓志铭。元奉宗，杭州人，景德二年（1005）进士，知海门县。范仲淹称其“迁惠于民，抱道于身”，待他以乡丈之礼。元殳极可能是其后人。

次子范纯仁和三子范纯礼的妻子是亲姐妹，来自有名的三槐王氏。她们的父亲王质是范仲淹的挚友。

范纯仁娶的是王质的长女。范纯仁一共有五个儿子、五个女儿，并不都是王夫人亲生。其五个儿子是范正民、范正平、范正思、范正路、范正国，其五个女婿是崔保孙、庄公岳、司马宏、蔡谷、郭忠孝。司马宏是司马光的侄子。

三子范纯礼娶的是王质的次女。范纯礼之子名叫范正已。

四子范纯粹之妻先是邢氏，后是晁氏。晁家是北宋靠科举兴起的一个世家。其父晁仲参（1013—1067），是诗人晁补之的叔祖。也就是说，范纯粹之妻是晁补之的堂姑。王安石在为晁仲参作的墓志铭中说，晁仲参沉默不喜欢与人争，经常周济远近亲戚，喜欢安静。晁家的家风也很正。范纯粹有五个儿子：范正夫、范正图、范正途、范正舆、范正需。

二、范纯仁妻王夫人

范纯仁的妻子王氏是范仲淹儿媳中的代表人物。王夫人娘家三槐王氏在中国历史上鼎鼎有名，在北宋时期出了许多名臣。

王夫人的父亲王质（1001—1045），字子野，为人忠孝仁厚，为官正直敢言。

王质的伯父王旦（957—1017）在丞相任上十余年，为官清正廉明，无人敢以私事求他，亦不置田产宅院。王旦弥留之际，皇上送银五千两，作为表彰，谥文正。王旦弥留之际写给儿子的家训，情意殷切，正气浩然：

我家盛名清德，当务俭素，保守门风，不得事于泰侈。勿得厚葬，以金玉置棺柩中。

王旦任中书舍人时，家中贫穷，与弟弟向人借高利贷，过期未能偿还，就用自己所乘的马抵债。王质读书时恰好翻到了以前的这张借券，把家里人召集起来，传给他们看，说道："这就是我们家历来的风气，你们永远不要忘记!"

范仲淹被贬饶州临行时，是惩治朋党正紧张的时候，别人都避嫌躲着范仲淹，王质却带着酒前去饯行。有人提醒王质，当心被告密，列为范仲淹同党，王质说："范公是贤人，能够成为他的朋党是我的荣幸!"世人因此更加敬重他。

王质一家世代富贵，兄弟都骄横奢侈，独王质却能约束自己。他喜欢做善事，简约朴素，像贫寒士人一样。他不喜欢积聚钱财，以至于不能自给。

总之，王夫人出身高贵，却有个简约朴素、贤良方正的父亲。在这样的家风中长大的女子，知书达礼，端正大方又不慕虚荣。她们深知相夫教子之道，也知道家族兴盛必须靠子孙的优秀来维持。

第四节 范家女儿

一、范仲淹的女儿

范仲淹有三个女儿。长女和次女是发妻李氏所生，长女嫁给了蔡交。为何蔡交能成为范仲淹的女婿人选？蔡交的伯父蔡齐（988—1039）是范仲淹同榜进士，而且是头名状元，早在景祐二年（1035）就当上了参知政事。蔡齐的老家在山东胶水县，离范仲淹继父朱文翰家很近，范仲淹在中进士前就已经和他相识，对他印象极好。在为蔡齐作的墓志铭中，范仲淹说："自布素从公之游，见公出处语默，无一不善"，"恕以待物，诚以报国"。蔡齐去世时，其子尚幼，没到婚配年龄，于是，范仲淹爱屋及乌，择婿的目光便投向蔡交。另外，范仲淹对蔡交及其父蔡元卿也相当的了解，他曾为蔡元卿作墓表，称蔡元卿"性本慈孝"，而蔡交亦"克孝其亲"。蔡元卿曾从学胡瑗，五年业成，归隐。蔡交则当上了大理寺丞。蔡元卿与蔡齐又有特殊的感情，蔡元卿对蔡齐“亲爱之过于己子”。

关于蔡交夫妻的具体情况，目前所知甚少。范纯仁作《零陵寄三弟五弟二首》诗，自注：“昔蔡氏女兄孀居许下……”这是范纯仁贬永州期间，绍圣四年（1097）二月至元符二年（1099）九月作的，据此知蔡交早在此前去世，范氏孀居于许州。《鸡肋编》称“纯佑……妹婿蔡交”，则可推知范仲淹长女为纯祐之妹，而次女又为纯仁之姐，纯祐于天圣二年（1024）生，纯仁于天圣五年（1027）生，则范仲淹长女、次女分别生于天圣三年（1025）、天圣四年（1026），四年连生二子二女，生育频率过高，颇疑长女乃纯祐之姐。《鸡肋编》作者庄季裕是范纯仁的女婿庄公岳之子，该文是在南宋绍兴三年（1133）写的，他的说法应当是有根据的，但也保不准会有小的误差。

次女为纯仁之姐，约生于天圣四年，或略早些。丈夫为贾蕃（1020—1089），封崇德县君。贾蕃，字仲通，开封人，官至朝议大夫、知筠州。其父贾昌龄，任太常少卿、直昭文馆，为人“孝友，人皆知之。凡弟兄子侄无远近，不能自养者教养之，女贫无以嫁者嫁之，仕宦可以官其子推与族人者四，及其卒，六人皆未官”，而贾蕃又继承了这一品质。贾昌龄的堂兄贾昌朝（998—1065），《宋史》有传。庆历三年（1043）为参知政事，庆历五年正月至庆历七年三月为宰相，其间与范仲淹同在朝中共事一年零三个月。范氏出嫁可能在此期间。范仲淹将女儿许配给贾蕃，当与贾昌朝相识及贾昌龄、贾蕃父子为人孝友有关。这个女儿结婚后时间不太长便去世了。

三女儿是继娶的聂夫人所生，长大后嫁给了张昇的儿子张琬。范仲淹去世时，三女儿还未成年，她很崇拜自己的父亲，出嫁后，管理丈夫家族事务井井有条。

张琬，元祐年间知楚州，卒。卒时家甚贫。其夫人范氏，她父卒时她才十一岁，由其兄扶养成人，受其父、兄影响很大。她善于治家，个人非常节俭，对女儿私下也不给一文，到晚年置地近百顷，仿范仲淹的义庄为张家建立义庄。“文正公于姑苏建范氏义庄，闻天下，夫人抱病，久苦辛，呻吟中思为张成义庄，终不辱其先正也，夫人则曰是楚州之志也云。”张家是个大家族，上上下下上百口人，对这位夫人非常敬畏，一般都不敢与她平视。范仲淹的女儿中她应该是最能干的了。范氏生有三个儿子、两个女儿。三个儿子——张威、张戢、张成，都卒于官任上。长女嫁给了参知政事韩亿的曾孙韩琏，小女儿嫁给了翰林学士承旨宋祁的孙子宋颐年。

二、范仲淹的侄女

胞兄范仲温去世后，范仲淹把寡嫂及年幼的孩子们接到自己家中扶养。有个侄女十分聪颖，范仲淹很疼爱她，常常说：“以后一定得为这孩子选个好丈夫。”范仲淹去世后，范家兄弟们按照父亲的意思，把这位堂妹嫁给了四明的周师厚。周师厚，字敦夫，鄞县（今浙江宁波鄞州）人。皇祐五年（1053）中进士，为衢州西安令。后历举湖北常平、通判河南府及保州，仕至荆湖南路转运判官。大概卒于宋哲宗元祐元年（1086）。

周师厚对牡丹很有研究，著有《洛阳牡丹记》。另外，周师厚还是一个很有幽默感的人。

那年的科举考试，郑獬在榜上名列第一，而周师厚是倒数第二名，最后一名是陈传。于是，周师厚自己赋诗调侃：“有眼不堪看郑獬，回头犹喜见陈传。”意思是说，我虽有眼但看不见郑獬，但回过头来，看见陈传还在后头，我又暗自窃喜。

范夫人和周师厚一共生育了三个儿子，即周锷、周铢、周慧印。

她在子婿被贬逐之际，深明大义地说：“吾妇人不知外事，但各愿其无忘国恩而已。”然而，面对着元祐、绍圣乃至崇宁、大观年间起伏跌宕的政局，她始终保持着冷静的头脑。在她的铭文中，撰写人邹浩赞叹范仲淹的家风：“惟文正，笃忠义，忘乃身，徇国事。习见闻，逮女子，施于家，率由是。自其夫，暨后嗣，助成之，靡不至。要所存，似兄弟，若夫人，可无愧。”

从这段材料可以看出，侄女在叔叔家里，耳濡目染，受到了良好的家风影响。这种影响在她成为母亲后，进而影响着她的后代。

第八章

雅道有子继

范仲淹好友富弼曾说，范家的儿子们都是“温厚而文”的，同时代人也常常赞叹他们“有乃父之风”“不坠家声”。

第一节　范纯祐：天才英纵

范纯祐，字天成，是范仲淹的长子。他天性聪颖，思维敏捷，神色舒展，追求高尚的品行节操。十岁时就读完了儒学基本书籍，写的文章很受人们称道。

南宋时，范家后人所写的《过庭录》中有这样一个小故事：

富弼家里有人去世，出殡的场面极其隆重。一口又厚又重的大棺材由八人抬着，后边是演奏丧乐的乐队及其亲朋好友，最后是扛着陪葬品的长长的队伍。各类陪葬品银闪闪、黄澄澄，大大小小、圆圆方方，令人目迷五色、眼花缭乱。

大街两旁围观的人很多，有好奇的、羡慕的、惋惜的，当然更有怀着不轨企图的……各种各样的人都有。这时，送丧的队伍中忽地跳出一个十来岁的孩子，跑到扛着陪葬品的行列里，抢过一件陪葬品，把它折成两段，大声喊道："你们看呀！都说富家富得冒油，其实是骗人的，这东西明明是锡做的。”

围观的人群骚动了，有认得那小孩的都说：“哟，他不是范仲俺的儿子范纯祐吗?”“还是纯祐聪明又眼尖，一眼就看穿了陪葬品的假戏。”

这时，送丧的队伍里又跳出一个小孩，一把揪住范纯祐的上衣，大骂道：“你竟敢嘲笑我家!”人们一看，这小孩原来是富弼的儿子。

范纯祐笑着凑近富公子的耳边，低声地说：“你好糊涂!你不怕别人认为这些是真的银器，半夜来盗墓吗?”富公子恍然大悟，明白了范纯祐的好意，连忙感谢他的周全考虑。

《宋史·范纯祐传》称他“方十岁，能读诸书；为文章，籍籍有称”。《墨庄漫录》则称他“自幼警悟，明敏过人，文正公所料事必先知之”。《鸡肋编》说他“材高善知人，如狄青、郭逵时为指挥使，皆礼异之，又教狄以《左传》，幕府得人，多所荐达。又通兵书，学道家能出神”。看来纯祐聪慧有才智，众口一词，绝非虚妄。

其实，富弼与范家的渊源极深，富弼的婚姻还是范仲淹给牵的线；范仲淹去世后富弼为他写的墓志铭饱含着深情；后来，范纯祐去世后，范纯仁又拜托富弼为哥哥撰写墓志铭。回想过往，富弼感慨万分，追思不已。

范纯祐的一生，虽然不长，却很精彩；虽然没有名高位重，却是一个真正的文士、君子，特别是他与父亲之间的感情甚笃，与父亲共同经历了患难荣辱。他的聪慧，他的孝心，他的学行，他的清正，都与父亲那样相像。他也是父亲最为倚重、最为深爱的孩子，范仲淹宦游各地，也总是让他陪在身边。

天圣初年，富弼与范仲淹相识于海陵。后来，范仲淹调回京师担任秘阁校理，富弼考中进士也来到了京师，成了范家的常客。他发现范仲淹身边总是有一个十岁左右的孩子，静静地听着众人的高谈阔论，神情稳重，年幼的孩子却表现出成人般的稳重大方，时不时还随着众人的议论点头。问了别人，富弼才知道，这个孩子就是范公的长子——范纯祐。此时的范纯祐，已经能熟练背诵《诗经》和《礼记》这两部经典，其他经典也基本读完了。除读书之外，范纯祐的文章写得也不错，有些文章被大家广泛称赞。父亲对他的教育非常上心，在其启蒙阶段亲自指导。

当时宋朝立国数十年，与辽国之间的和平局势已经有二十多年，马上得天下的一代人已经基本远去，一个文化盛世还没有形成。放眼境内，重视教育、设立学校还没有引起人们重视，学校在地方并不普及，更没有人专注于地方教育事业。范仲淹留给后人的财富很多，教育绝对是其中不可或缺的一项。

某一年，范仲淹任职苏州。这是他的祖籍，他到任之后立即着手建立了一所郡学，并聘请名儒胡瑗来主持郡学。胡先生制定了严格的学规，学子数达到了好几百，好多人不认真遵守学规，新的改革制度很难推进。范纯祐那时十多岁，有一天到郡学，知道了这些情况。他担忧，如果不解决好学规的问题，胡先生的教育实践可能无功，父亲为家乡育才的心血也会落空。思考之后，他回家把情况告诉了父亲，与父亲共同商量应对的办法，定下了一个方案。

这一日，范仲淹驾临郡学，学子们激动又好奇，猜测范大人视察郡学，不知道会有何指示。出乎意料的是，范大人并不是来视察，却是亲自送长子来上学的。范公子新入学，按规矩排在学生最后，不仅向先生行礼，还向所有学长行礼。此后，胡先生定的学规，范公子每一项都带头认真遵行，以身示范。榜样的力量是无穷的，在范公子带头下，学子们纷纷收起顽劣之心，时间一长，所有学子都能够遵规行事。从那以后，苏州的教学成果立显，其他各州相继仿效。苏州的学风从此兴盛起来。

后来，范纯祐随父守边，又显露出识人之能。

西夏攻宋，朝野四方惊动。范仲淹临危受命，被派往前线。范仲淹采取坚守战略，绝不轻易出兵。此时，范纯祐十六岁，也随同父亲出征。他平时跟普通将卒混在一起，没有人知道他是主帅的大公子。战场上真实的情况，兵将们或勇或智的行为，都落在他的眼里。兵将们的才略、智识如何，他都有意识地记了下来，在心中作出比较和评判。这些信息非常有用，使范仲淹对手下人的能力、优缺点做到心中有数，在用人的时候，能够把人才安排在适合的岗位上，“公任人无失而屡有功”。范仲淹在用人上的成功，证明了范纯祐的识人之明。一个十六七岁的少年，能有这样非凡的识人能耐，足见其天分之高。

一、范纯祐参与了大顺城的抢筑

在庆州（今甘肃庆阳）之东、延州（今陕西延安）之西，西夏有百余里辖地伸入宋境，西夏复置金汤、白豹、后桥三寨，为宋夏出入必经之地。庆历二年（1042），任环庆路经略安抚兼沿边招讨使的范仲淹徙知庆州，欲于州城西北马铺寨筑城。马铺寨当后桥川口，在西夏国腹中，在此地建城可以扼守要道，战略位置非常重要。范仲淹知筑此城西夏人必来争，于是密遣儿子范纯祐等人率兵先占据那片地方，之后令他们筑城。这引起了西夏人的恐惧，常常派兵来骚扰，企图阻止宋军建城。范纯祐率众一边与敌人作战，一边监督建城工事。敌人来了，他上马作战，打退敌人，继续工作。大约十天之后，一座边城巍然建起，仁宗皇帝得知后大喜，为此城赐名为大顺。李元昊惧大顺城扼其要冲，以三万骑兵来战，被范仲淹击退。大顺城筑成后，西夏人再也不敢轻易进犯庆州，保证了一路的平安。这件事，让人们看到范纯祐在军事和管理方面的才能，也看到了他过人的胆量。

还有一个故事，写范纯祐的智慧。

韩琦驻守延州时，夜里有个贼进入他的卧室。韩琦立刻坐起，问道："谁?"贼说："我是来杀谏议大夫的。"（韩琦曾任谏议大夫）韩琦又问道："谁派你来的?"贼答道："是张相公。"（张相公就是西夏的丞相张元，是西夏实权人物）韩琦又就枕而卧，对贼说："你就把我的头拿去吧!"那贼却说："我不忍杀谏议大夫，希望得到你的金带就足够了。"于是贼带着金带逃走了。第二天，韩琦也不提此事。不一会儿，守城士兵报告说从城楼上得到一条金带，韩琦一看正是自己的那条，就收回了金带。当时范纯祐也在延州，对韩琦说："你夜间遇到西夏国刺客，第二天不声张，做得非常得体，没有让国家声誉受损；这条金带之所以会出现在城楼上，显然是张元的人故意留下的，想要把这件事情公开来灭我国的威风。你接受这条金带，不是正中了贼人奸计吗?"韩琦听后，叹了一口气，握着他的手说："你的见解太高明了，不是我所能赶得上的。"[1]

二、范纯祐对父亲怀着一腔至孝之心

文武双全、智勇过人的范纯祐为何没有像他的三个兄弟一样，做到官高位显呢？

范纯祐并不热心于仕途，当范仲淹被罢免参知政事之后，他也离开了官场。他对父母非常孝顺，父亲到哪里，他就陪同到哪里。范仲淹的内心也不太希望纯祐离开自己。这一点，从范仲淹老朋友富弼那里可以得到证实。"文正爱之甚，日夕以讲求道义为乐，亦不欲其远去。"他与纯祐，既是父子，又是朋友，可以经常一起探讨义理。范仲淹身体不好，身边有这个最信任的儿子常相伴，无论仕途多么坎坷，心里总是踏实、温暖的；世间知音再少，总还有这个亲爱的儿子是懂自己的。纯祐也明白父亲对自己的眷恋，看着身边的朋友纷纷参加科考，获得功名，他却始终不为所动。他的朋友们难免觉得可惜，他们说，纯祐的文学才华非常出众，参加科考的话一定是可以高中的。不参加的原因，有自己不喜欢的因素，更有不愿离开父亲的因素。

三、英才一病而废

范仲淹到邓州任官时，纯祐陪着父亲先来到邓州，把住所等事打点

① 参见〔明〕樊玉衡编撰，〔明〕於伦补辑，孙德敦主编：《皇家藏书》第4册《智品》，中国戏剧出版社，2000年，第522页。

好，才接全家人来团聚。在邓州，一家人度过了一段难得的安适的生活，享受到了平常而又宝贵的天伦之乐。

不料，在邓州，祸事突然降临，范纯祐病了，而且一病不起。史书上没有明确说这是什么病，只说“暴得疾，昏不省事”。病来得突然，之前毫无征兆；病的症状是精神委顿，思维也经常不清晰，失去了生活自理能力。多么可惜！对于范仲淹而言，这是多么大的打击！此后他一直养病在家，直到四十九岁去世。

疾病迷失了范纯祐的心智，被病痛折磨着，但他天性中的公忠节义却不曾泯灭。富弼到淮西赴任，路过范家，曾特意去看望他，他还能感慨道忠义。他问富弼这次来是“公耶，私耶”。富弼回答说是因公，纯祐才放心，说：“公则可。”这次相见给富弼留下了深刻的印象，他不由得感慨万千：当一个人被疾病缠身时，往往连自己的身体都顾不过来，哪还有心思顾及其他？然而范纯祐这样“身已弃而尚不忘公忠”，难道不是恰好证明公忠节义乃是出乎至性吗？否则，怎么可能在丧失了自理能力后还能想到“公”字为先!在这一点上，他与父亲范仲淹多么相似!

在不得已的时候，范纯祐做过将作监主簿、司竹监。将作监是宋代设立的诸监之一，管祠祀供省牲牌、镇石、炷香、盥手等事。司竹监掌管与林木有关的事情。这些细细碎碎的事情哪里是范纯祐喜欢的？时间不长，他就辞去不做了。

回顾范纯祐的一生，赞叹、惋惜、遗憾之余，我们不由得像富弼一样猜想：假如范纯祐可以有更长的寿命，能够施展其所有的才华，他能建立的功业、他为国家和百姓做出的贡献肯定不会少吧！

四、范纯祐因何生病

范纯祐的病，让很多人扼腕叹息！人们甚至不愿意相信，一个智勇过人的青年怎么会突然变成了愚弱之人？传奇的人物自然有传奇的经历。

在宋朝人的文字里，刻画了范纯祐患病的神奇过程。他们说，范纯祐学《易经》非常精深，还会“出神”。什么意思呢？就是说，他能让自己的元神脱离躯体，使元神得以在不同的空间自由穿梭。《西游记》中的孙悟空就有这样的本领。宋人还说，与西夏作战时，范仲淹为什么对西夏情况那么了解？为什么总能做出正确决策？就是因为儿子范纯祐能“出神”。范仲淹有了儿子“元神出窍”神功相助，方能知己知彼、攻守自如、威震西夏。

“出神”也是有风险的，最怕被人惊扰。在邓州时，有一天，大概家里人都外出了，范纯祐独自在书房，不知想到什么，就开始“出神”。这时，他的妹夫蔡交来了。蔡交不了解情况，就拿手中的棍子敲击窗户，发出清脆的响声，范纯祐的元神受惊，无法正确回归体内，从此之后一病不起，就成了“废人”。这些记载的真实性，其实不必去计较，真正令人感兴趣的还是宋人之所以如此书写的心态，他们用这样传奇、神话的文字来表达对纯祐的惋惜，而这惋惜也出自对范仲淹家族的敬仰。

第二节　范纯仁：布衣宰相

范纯仁（1027—1101），字尧夫，是范仲淹次子，哲宗朝曾两度拜相。他博闻强记，一生遵奉儒学“内圣外王”这一崇高理想，勤政爱民，正直敢言，公忠体国，宽厚仁恕，并积极通过自身努力试图抚平激烈的党争遗祸，在北宋政治舞台上产生了较大影响，为北宋政治、经济和文化的发展做出了重要贡献。

一、月中坠儿

范纯仁的出生充满了神秘和象征的意味。《宋史》上说，他的母亲李夫人临产之前一天晚上，梦见从圆圆的月亮里掉下来一个孩子，李夫人赶紧用衣裾接住了他，第二天天刚亮，范纯仁就出生了。中国古代有许多孕梦，日和月在传统文化中都是权力的象征，母亲梦见日月而生的孩子预示其将来可能为王侯、将相。纯仁比哥哥纯祐小两岁。天圣五年（1027）六月十八日范纯仁出生于应天府，富弼在《麦舟图》的题词中称他为“睢阳少年”。

与哥哥纯祐一样，纯仁对父亲充满了孺慕之情。起初，他受父荫而得到了太常寺太祝一职，随后没过多久又考中了进士。朝廷委派他去武进县担任县令，他觉得父亲、兄长身体不好，自己此时不适合离他们太远，所以没有接受任命。后来，朝廷又改到长葛县，他还是推辞不就。

哥哥纯祐病卧在家，纯仁侍奉他就像侍奉父亲一样。医药、饮食、居住、服饰，他都亲自安排。贾昌朝镇守北都（今河北大名）时，邀请纯仁入幕府，纯仁因其地不利于哥哥养病而推辞。宋庠推荐他担任试馆之职，他辞谢说：“车马往来热闹非凡的地方，不适宜于我哥哥养病。”父亲的好友富弼忍不住责备他说：“台阁的职位哪是容易得到的，何必如此？”但他仍是不去。

二. 爱民的县令

范仲淹去世后，范纯仁才开始出来做官，以著作佐郎身份担任襄城县知县。襄城县百姓向来不养蚕织丝，纯仁劝百姓种植桑树，规定有罪而情节较轻的，就看他植桑多少相应减轻其所受处罚。百姓从植桑中得到了好处，更加乐意种植，百姓更加信任、爱戴他，后来把所种桑树林称为“著作林”。

范纯仁在担任襄邑县知县时，襄邑县有牧地，卫士牧马，马践踏了百姓的庄稼，范纯仁逮捕了一个卫士并处以鞭杖。牧地起初不由县管辖，主管此事的官员生气地说：“他是天子的宿卫，怎敢如此对待？”并把此事报告到朝廷。朝廷派人纠察，情形很急迫。范纯仁说：“国家养兵的费用来自田税，若是毁坏百姓田亩者不能得以追究，田税从哪里来？”皇帝下诏免究此事，并听任牧地由县管辖。宋朝牧地由县管辖，就是从范纯仁开始的。当时天旱很久不下雨，范纯仁登记襄邑县境内商船，并告诉商人们说：“百姓将来可能会没有饭吃，你们先将所贩五谷贮藏在佛寺里，等到粮食缺少时，我再向你们收购。”商人们都服从命令，贮藏的粮食达十余万斛。到春天，各县百姓都遭受饥荒之苦，只有襄邑县境内百姓免受饥荒之苦。

三、守礼的御史

宋仁宗没有儿子，以濮王赵允让第十三子为养子，改名赵曙，养在宫中。宋仁宗死后，赵曙继位，是为北宋第五位皇帝宋英宗。

英宗亲政仅半个月，宰相韩琦等人就向英宗提议请求有关部门讨论英宗生父的名分问题。当时仁宗去世已有十四个月，英宗批示，等过了仁宗大祥再议，也就是待到满二十四个月再说，这显然是英宗为了减少追封自己生父的阻力而做出的姿态。治平二年（1065）四月九日，韩琦等再次提出这一议题，于是，英宗下诏将议案送至太常礼院，交两制以上官员讨论。由此引发了一场持续十八个月的论战，这就是北宋史上有名的“濮议”。

翰林学士王珪等主张，应按先朝追赠“伯父”之类尊贵亲属的先例办。御史范纯仁同他意见一致，认为：“陛下是受仁宗皇帝之命而成为他的儿子的，与前代定策入继之主不同，应该按王珪等人的主张办。”要让自己称生父为伯父，英宗皇帝不乐意，没有采纳他们的建议。范纯仁归还所授告敕，住在家里等候处罚。后来，曹太后亲手写下诏书，尊濮王为皇考，夫人为皇后。范纯仁认为这不合礼制，再次进谏说："陛下以成年之君统御天下，怎么能使诏命出自房闱，将来可能成为权臣矫托的借口，不是君主自安之计。"范纯仁请求调外任官，多次申请之后被任命为安州通判，改知蕲州。历任京西提点刑狱、京西陕西转运副使。

四、劝君远怨

英宗去世后，宋神宗继位，范纯仁被召还朝廷。神宗问及陕西城郭、甲兵、粮储如何，范纯仁回答说："城郭粗全，甲兵粗修，粮储粗备。"神宗惊讶地说："你的才干是我所倚重的，怎么都说成粗？"范纯仁回答说："粗者是说未精，但如此也足够了。愿陛下暂且不要留意边防，若边臣观望陛下之意，将来必有意外之患。"神宗拜范纯仁为兵部员外郎，兼起居舍人，同知谏院。王安石变法带来了不少弊端，范纯仁深为担忧，他呈奏说："王安石变更祖宗法度，聚敛财利，民心不安。《尚书》说：'怨岂在明，不见是图。'但愿陛下考虑没有表现出来的埋怨。"神宗说："什么是没有表现出来的埋怨？"范纯仁回答道："就是杜牧所说'天下之人，不敢言而敢怒'这句话。"神宗赞许地采纳了，并说："你很善于讨论大事，请为我举古今治乱可以引为借鉴的事。"范纯仁作《尚书解》进呈，说："《尚书》所言，皆尧、舜、禹、汤、文、武之事也。治天下没有什么可以改变这些的，愿陛下深入研究而勉力实行。"范纯仁加官直集贤院，同修起居注。

神宗急切地想达到大治天下的目的，多次接见小臣，咨询为政阙失。范纯仁说："小人之言，听起来好像可以采纳，实行起来必有牵累。因为小人知小忘大，贪近昧远，希望陛下深加体察。"富弼时居相位，却引疾退居在家里。范纯仁说："富弼受三朝眷倚，应当自觉担当天下重任，但他怜恤自己比怜恤其他事情更加深切，忧虑自己的病情甚过忧虑国家，在为君主效力和为自己安身立命两方面都有过错。富弼与我的父亲交谊深厚，如今我在谏省，不能私下拜谒以致忠告，希望陛下把此奏章给他看，使他自己反省。"

五、反对变法

范纯仁反对王安石的变法，他对皇帝说："我曾亲听皇帝您的教诲，欲修先王补助之政。如今却效桑羊均输之法，又使小人主持此事，搜刮民财，积怨成祸。王安石以富国强兵之术，把皇上的心思导向于急功近利，忘记了他过去所学。崇尚法令则称商鞅，倡言财利则背离孟轲，鄙视老成持重认为是因循守旧，背弃公论认为是流俗之见，与自己意见不同者为无才，附合己意者为贤才。刘琦、钱颛等人，不过一言不合，就遭降职或罢黜。朝廷之臣，一大半趋炎附势，陛下又顺着他们，他们什么事都做得出来。道远者按理应当慢慢地招来，事大者不能一下取得成功，人才不能急求，积弊不可顿革。如果期待事功马上成就，一定会有奸诈之徒乘机坏事，应当立刻让谏言者还朝而贬退王安石，以报答朝廷内外之望。"神宗没有采纳。于是范纯仁请求罢免谏官之职，改判国子监，离开朝廷之意更加坚定。王安石派人告诉他说："别轻易离京，已经在考虑你升任知制诰了。”范纯仁说：“我的言论得不到采纳，即使万钟俸禄也不是我所期望的。”

范纯仁所上奏疏，言语大多激烈。神宗都留着不宣于外，但范纯仁全部记录下呈中书省。王安石大怒，请求皇帝加重贬斥。神宗说：“他没有什么罪过，暂且给他一个好去处吧。”命他为河中府知府，改成都路转运使。

范纯仁认为王安石新法于民不便，告诉州县不要匆忙实行。王安石恼怒范纯仁阻止自己的事业，于是让说纯仁坏话的人找来使者去收集纯仁的私事和过失，但没找到任何证据。使者就以其他事情把传话的人鞭打了一顿。范纯仁的属官高兴地对范纯仁说：“这一件事足以堵塞对您的诽谤，请报告给朝廷。”范纯仁不以个人荣辱为意，既没有上奏使者之过，亦不反驳传言者之非。后来范纯仁还是被寻了个“失察僚佐燕游”之罪，被降为和州知州，并徙邢州。还没到任，又接到命令，加直龙图阁、知庆州。

六、边城安民

范纯仁去庆州赴任要先到都城，进宫去见皇帝。神宗说：“你的父亲在庆州有威名，现在可以说是世职。你跟随你父亲很久，一定精通兵法，边事也一定熟悉。”纯仁揣摩神宗有功名之心，于是回答道：“我是儒家，没有学过兵法，先父守边时，我还年幼，也记不得什么，而且现在形势也有不同。陛下派臣修治城垒，爱护百姓，我不敢推辞。若开拓边疆，侵攘土地，希望跟帅臣商议。”神宗说：“你的才干何所不能，只不过不肯为我尽心罢了。”

范纯仁任庆州知州时，秦中正患饥荒，纯仁下令开常平仓救济百姓。他的僚属说，按例必须呈请朝廷后才能如此，纯仁说：“百姓可等不及了，有什么责任我会独自承担的。”后来有人指责他，说他上报的开常平仓所保全的百姓人数不真实，皇帝下诏并派使者来核实。正值秋天大丰收，老百姓高兴地说：“是范公使我们活了下来，我们怎么能忍心牵累范公呢？”大家昼夜争着把粮粟输还。等到使者到来时，已经无所欠。

后来人们在两个地方发现了一些坟墓，使者说：“保全百姓人数不实之罪成立，这就是证明！”令人打开坟墓收集骸骨上报。朝廷命本路监司继续追查此事，结果发现那些坟墓是范仲淹的前任所封。朝廷要究治前任楚建中之罪，范纯仁上书说：“建中是个守法之人，在申请救济的间隙难免会有饿死的，他已经因罪被罢。现在由于查我的罪过又连累至他，那不是一罪受两次处罚吗？”楚建中最后只受了赎铜三十斤的处罚。

环州种古逮捕境内羌人判为盗，流放南方，经过庆州时这些人呼叫冤枉，纯仁调查后认为既是种古属下小吏，不应是盗贼。种古回避罪过反而诬告范纯仁有罪，朝廷诏令御史到宁州处理此事。纯仁被捕，百姓万余人阻于路上，流着眼泪，拦住队伍，有的表示抗议悲愤投河！真相大白以后，种古以诬告被贬斥；而纯仁也以其他过错，被黜为知信阳军。

七、宽出于性

范纯仁被移齐州时，齐州民俗凶悍，偷盗抢劫是常事。有人说：“对此从严处治犹不能平定，你若宽大治理，恐怕会不胜其烦。”纯仁说：“宽出于性，若强以猛，则不能持久；用猛而不久的方法，去治理凶悍之民，这不是开玩笑吗？”有西司理院，抓来的囚犯经常爆满，都是些屠贩盗窃而以入狱督促还债的人。纯仁说：“这些人何不让他们在监外执行而交纳赎金呢？”通判说：“这类人要是释放出去了，还得闹事，官府往往等他们生病死在狱中，这是为百姓除害。”纯仁说：“法律上不至于判死罪，却以情杀之，难道合理吗？”于是，范纯仁把囚犯们都叫到庭下，教育他们要改过自新，并释放了他们。一年之后，盗贼比前一年减少了大半。

范纯仁担任河中知府时，手下录事参军宋儋年突然死了，纯仁派子弟吊丧，小殓时，发现宋儋年口鼻有血流出。纯仁怀疑他死得不正常，调查后得知宋儋年之妾跟小吏通奸，趁宴会时把毒药放在鳖肉中毒死了宋儋年。纯仁追问宋儋年食鳖肉在第几次喝酒时，说：“哪里有已经中毒而能坚持到终席的呢？”经过再次拷问，才知宋儋年向来不吃鳖肉，所谓置毒药于鳖肉中者，是其妾与小吏想为将来翻案埋下伏笔，以逃避死罪。实际情况是宋儋年喝醉后回来，其妾置毒药于酒中而杀掉了他。于是就判定其罪。

八、君子之交

宋哲宗赵煦即位时只有十岁，其祖母太皇太后高氏奉神宗遗诏辅佐年幼的皇上，垂帘听政。高太后是宋英宗的皇后、宋神宗的母亲，姓高，史称宣仁圣烈皇后，有时也简称“宣仁”“宣仁后”，1085—1093年临朝称制。宣仁是勋戚之后，宋仁宗的曹皇后是她的姨母，亳州蒙城（今安徽蒙城）人。治平二年（1065）被英宗册封为皇后。元丰八年（1085）其子神宗死后，立哲宗，以太皇太后身份临朝称制，罢王安石相位，重新起用司马光等人。

司马光当政后，尽行废除王安石变法，范纯仁、苏轼等人都认为不可。纯仁对司马光说：“改掉其中过分者即可。至于差役一事，应当仔细讲究而慢慢实行。否则，更会成为百姓的祸害。希望你虚心接纳各种不同建议，不必所有谋划都由自己出。如果谋划自己出，那么谄谀之人就得以乘机迎合你。役法恐怕难以更改，可以先在一路实行，看结果到底怎样。”司马光不听，反而更加固执。纯仁说：“这样的话就让他人不能说话了。如果大家的言行举动是为了讨好你、得到你的欢心，那么大家怎么不在年轻时迎合王安石以致富贵呢？”范纯仁素来与司马光志气相同，但从不阿从，等到临事时，争论是非曲直，规劝匡正。君子之间的交往应该像范纯仁和司马光那样。

九、不计前嫌

以前，种古因诬告范纯仁而被罢黜。几年后，纯仁推荐他为永兴军路钤辖，并推荐他知隰州。纯仁每每自己反省道：“先辈与种氏上世有很深情谊，纯仁不肖，引起种氏子孙讼告，讨论其中是非曲直是没有意义的。”

元祐初，范纯仁担任吏部尚书，又任同知枢密院事。起先，纯仁参与了关于西夏的讨论，他主张罢兵弃地，让西夏归还所掠去汉人，执政大臣考虑了很久没有决断。后来重新讨论，纯仁又请求归还一汉人即予西夏十缣。事都照着办了。边境上宋军把鬼章俘虏了并押到朝廷，纯仁请在边塞上将其诛杀以谢边民，此建议没有被接受。议事者想把鬼章的儿子也招来，收复黄河以南故地，因此赦免其死罪而不杀。后来又要给鬼章加官，纯仁再次表达不同意见。果然如范纯仁所料，鬼章之子最终也没有归附。

元祐三年（1088），范纯仁拜尚书右仆射兼中书侍郎。纯仁在位，专以博大开启皇帝心意，以忠笃改变士风。章惇获罪离任，朝廷因其父亲年老，欲将他安置在比较方便的郡府，不久此事中止。纯仁请求不计其过往之罪而体恤其私情。邓绾在淮东为帅，言官没完没了地贬斥他，纯仁说："我曾被邓绾诬奏而被黜退，今日所陈说却是为邓绾说话，降职时不应把人家的过失记录得太深。"宣仁皇太后赞许地采纳了，于是下诏："以前迎合附会之人，一概不予追究。"

学士苏轼以发策问被言官围攻，韩维无故罢门下侍郎被调外职。纯仁奏言苏轼无罪，韩维尽心国家，不能因谮言罢黜他们的官职。待王觌议事不合皇帝之意，纯仁担心朋党将越来越严重，与文彦博、吕公著在皇太后帘前辩论，没有结果。纯仁说："朝臣原本无党，但善恶邪正，各以类分。文彦博、吕公著都是几朝旧臣，怎能雷同欺上。过去先父与韩琦、富弼同柄庆历之政，各自推荐赏识的人。当时谣传指为朋党，三人相继调外任职。造谤的人公开相互庆祝说'一网打尽'。这事离今天并不远，希望陛下引以为戒。"并因此畅言前世朋党之祸，且录欧阳修《朋党论》进呈。

汉阳军知军吴处厚附会蔡确在安州写的《车盖亭诗》，以为这是在诽谤宣仁皇太后，报告朝廷。谏官欲把蔡确置于典宪而追究，执政大臣赞成谏官，只有纯仁与左丞王存认为不可。讨论来讨论去没做定论，听说太师文彦博欲贬蔡确到岭南，纯仁对左相吕大防说："此路自乾兴年间以来，荆棘遍地几乎七十年，我等开启此路，恐怕将来自己也不免重蹈此辙。"吕大防听后不敢再说。待蔡确贬新州的诏令下来，纯仁在宣仁皇太后帘前说："圣朝应宽厚为怀，不可根据言语文字之间暧昧不明之过，诛杀流窜大臣。今天的举动应考虑到是将来的法度，此事不应开个不好的头。而且以重刑来去恶，就好比用猛药治病，若太过分，难免有所损害。"又同王存对哲宗进行谏诫，回来后又上疏，大略说："就像父母有个不听话的儿子，即便天地鬼神不能宽容他，而父子至亲，处理起来应以恕为主。若使之处必死之地，则恐伤恩。"但蔡确最终还是被贬谪新州。

吕大防上奏说蔡确党人甚盛，不可不追究。范纯仁当面进谏说朋党难办，恐怕误及好人，遂上疏说："朋党之起，大概因为趣向有同有异，同于我者谓之正人，异于我者谓之邪党。既厌恶其不同于我，则逆耳之言难至；既喜欢其同于我，则迎合的小人日亲。以致真伪莫辨，贤愚倒置，国家之患，大率由此而来。比如王安石，就是因为喜同恶异，遂至黑白不分，到如今的风俗，还以察风观势为能事，后来的权臣，本应永远以此为鉴。今蔡确一事，不必推治党人，旁及枝叶。我听孔子有言：'举直错诸枉，能使枉者直。'那么就是推举选拔正直的人，就可以使枉邪者同化而为好人，不仁者自当摒迹不至。何用费神去分辨党人，只怕有伤仁化。"司谏吴安诗、正言刘安世攻击纯仁袒护蔡确，纯仁亦极力请求免职。

第二年，范纯仁以观文殿学士知颍昌府。过了一年，加大学士，知太原府。太原境内土地少而百姓多，因爱惜土地舍不得用来埋葬。纯仁派遣僚属收集无主烬骨，分别男女，埋葬了三千多人。又把此法推行一路，埋葬的死者达万数。夏人侵犯边境，朝廷欲治将吏罪，纯仁自己引咎求贬。秋天，有诏贬其官一等，徙河南府，再徙颍昌。

范纯仁被召回朝廷后，拜右仆射。借范纯仁入廷谢恩的机会，宣仁皇太后在帘中告谕说："有人说你一定会先用王觌、彭汝砺，你应当与吕大防同心协力。"纯仁对答说："王觌、彭汝砺二人实在为士人之望，我终不敢保位而蔽贤，望陛下加以明察。"在范纯仁将要入朝的消息刚传出去时，杨畏不高兴，曾经说了一些不好听的话，范纯仁不知道。此时，吕大防约杨畏为佐助，想把他推荐为谏议大夫。范纯仁说："谏官应该用正直的人，杨畏不可用。"吕大防说："是因为杨畏曾说你的坏话吗？"纯仁到此才知道杨畏说过他的坏话。后来杨畏背叛吕大防，凡有能用来陷害吕大防的事，无所不用其极。宣仁皇太后病重，召纯仁说："你的父亲范仲淹，可谓忠臣。在明肃皇后垂帘时，唯劝明肃尽母道；明肃死后，唯劝仁宗尽子道。你应仿效。"纯仁哭着说："我一定尽忠。"

宣仁皇太后去世后，哲宗亲政，纯仁请求避位。哲宗对吕大防说："纯仁在当地有声望，不应该离去，你可为我挽留他。"并召纯仁入见，问纯仁说："先帝行青苗法到底怎样？"纯仁回答说："先帝爱民之意本来很深，但王安石立法太过分，以赏罚激励，因此官吏求功心切，以致害民。"退而上疏，其主要认为"青苗非所当行，行之终不免扰民"。

当时，起用重要大臣，都从廷中直接任命，侍从、台谏官亦多不经过讨论晋升。纯仁说："陛下刚开始亲政，四方都拭目以待，天下治乱，也根本于此。舜举皋陶，汤举伊尹，不仁者远去。纵使不能尽如古人，亦应考虑一下天下优秀的人才。"又有一些小人极力攻击宣仁皇太后垂帘时事，纯仁奏曰："太皇太后保佑天子身体，功绩和诚心，幽明共鉴，议论的人不体恤国事，是多么浅薄。"于是把仁宗禁止谈论宣仁皇太后垂帘时事的诏书呈上，并说："希望陛下仿照实行，以戒绝浅薄之俗。"

十、苏辙拜服

苏辙论述殿试策问，引用了汉昭帝改变武帝法度的事例。哲宗大发雷霆，说："怎么能以汉武帝比先帝？"苏辙走到殿下待罪，众官不敢抬头。纯仁从容说道："武帝雄才大略，史无贬辞。苏辙用他比先帝，不是诽谤。陛下亲政刚开始，让大臣前进后退，不应如喝叱奴仆一样。"右丞邓润甫超越位次而说："先帝法度，被司马光、苏辙破坏殆尽。"纯仁说："不是这样，法度本没有弊端，有弊端就应当改。"哲宗说："大家都说秦始皇、汉武帝。"纯仁说："苏辙所论，是事与时而已，并不是说人。"哲宗因此才稍微息怒。苏辙平日与纯仁观点大多不同，至此就敬佩地向纯仁致谢说："您老人家是佛地位中人啊！"

十一、公而忘身

范纯仁凡引荐人才，一定会以天下公议为凭据，所引荐的人并不知自己是由纯仁所引荐。有人说："当宰相，怎能不笼络天下士子，使他们知道是出于你的门下？"纯仁说："只要朝廷所用不失正直之人，何必使他们知道出于我的推举？"哲宗既召章惇留相，纯仁请求辞职，于是以观文殿大学士加右正议大夫知颍昌府。纯仁入朝辞别，哲宗说："你不肯留职京内，虽然在外任职，但你对时政有什么看法，应详细报告，不要只说些表面的东西。"后纯仁徙河南府，又徙陈州。起初，哲宗曾说："贬谪之人，大多永遭废弃。"纯仁上前致贺说："陛下有念及此，是尧、舜的用心。"

后来，吕大防等人被贬岭表，正值明堂大颁赦令，可是掌权派章惇在此以前就说过："吕大防等几十人，应终身不加调任。"年近七十的范纯仁听说后感到忧愤，想斋戒后上疏申辩。他的亲属劝他不要触怒皇上，万一被贬边远地区，哪是年老之人能够适应的？纯仁说："事至于此，没有一人敢为他说话，我必须出面。假若皇上由此而有所回转，关系就大了。即使事不成，我死了，又有什么遗憾的。"在上疏中他说："吕大防等年老又患病，不习水土，岭表炎热荒远不是久处之地，又忧遭不测，何能自存？我曾与吕大防等共事，多被排斥，陛下也曾亲见。臣下之激切，只是仰报圣德。以前章惇、吕惠卿虽遭贬谪，但不超出乡里居住。我以前曾有建议，深蒙陛下开纳。陛下因蔡确死在贬所的缘故，经常引起内心悲痛。如今赵彦若也已死在贬所，未来可不止是一个蔡确。希望陛下诚心裁断，把吕大防等按赦令予以释放。"奏疏中有抵触章惇之意，章惇诬他与吕大防同罪，降职出知随州。

第二年，范纯仁又被贬为武安军节度副使，安置在永州。当时范纯仁患病眼睛失明，闻命令之后安然上路了。有人讥讽说他落得如此下场全是因为好名。纯仁说："七十岁的年龄，两目俱失明，还要踏上万里之行，岂是我所希望的？但我之爱君，若不尽忠，而避好名的嫌疑，那就没有为善之路了。"

十二、愿无愧心

范纯仁每每告诫子弟不要有不平之心，听到诸子埋怨章惇，纯仁一定会发怒加以制止。赴贬所途中，他们乘坐的船在江上翻了，孩子们把纯仁搀扶出来，他的衣服全都湿了，看起来很狼狈。纯仁回头对儿子们说："这难道也是章惇所致吗？"到达永州后，他们听说韩维原本被贬均州，韩维的儿子申诉说，韩维执政时与司马光多有不合，于是朝廷就免去了韩维的外贬。纯仁之子想以纯仁与司马光议役法不同来申诉求免，纯仁说：“我因为司马光的推荐，官至宰相。过去同朝论事意见有所不合是正常的，你们以过去的言论作为今日之事的借口，万万不行。一个人有愧心地活着，不如无愧心地死去。”其子也就停止求请。

在永州居住三年，徽宗即位，钦圣显肃皇太后一同听政，当日就授纯仁光禄卿，分管南京，居邓州。皇帝派遣内监到永州赏赐茶药，告诉他说：“皇帝在藩邸，太皇太后在宫中时，知道公在先朝言事忠直，现在空着相位以待你回朝，不知眼病如何，由什么人医治。”范纯仁叩首谢恩。被升为右正议大夫、提举崇福宫。不数月，以观文殿大学士、中太一宫使诏令他回朝。诏令中说：“岂唯尊德尚齿，昭示宠优；庶几鲠论嘉谋，日闻忠告。”纯仁因病捧诏而哭道：“皇上果然要用我，我死有余辜。”徽宗又遣中使赐茶药，催促他入朝觐见，并表示急于召见之意。

范纯仁请求回归许州养病，徽宗只得应许了。每次接见辅臣，一定会问纯仁近况，并说：“范纯仁，我能够见他一面也足以称心了。”皇帝还派御医去探视纯仁之病。

病情恶化时，范纯仁以宣仁后受诬谤未辩明为遗憾，呼诸子口授遗表，命门生李之仪逐条记录下来，其大略说：“先天下之忧而忧，希望不违背圣人之学，这是先父用以教育我这个儿子的，而我这微末之臣也以此奉君主。”又说：“只是宣仁后受诬谤未辩明，致使保佑之忧勤得不到显扬。”又说：“没有缓解疆场之严峻形势，却几乎费空了库藏的积蓄。有城必守，而得地难耕。”总共八事。建中靖国改元那天的早晨，范纯仁依例接受家人之贺。第二天，就在熟睡中离开了人世，寿七十五岁。皇帝下诏，给予助葬白金三十两，敕令许、洛官员供给其葬费，赠开府仪同三司，谥曰“忠宣”，皇帝亲笔题写碑额为“世济忠直之碑”。

范纯仁的性情平易宽简，从不以声色强加于人。正义所在，则挺身而出并不畏缩。自布衣到宰相，廉俭一生，所得俸禄和赏赐，都用以扩大义庄。前后荫及子族，都是以比较疏远的子族为先。死时，他的幼子、五个孙子还没有官职。他曾说：“我平生所学，得之‘忠恕’二字，一生用不尽，以至立朝事君，接待僚友，亲睦宗族，未尝须臾离此也。”每每训诫子弟说：“人虽至愚，责人则明；虽有聪明，恕己则昏。苟能以责人之心责己，恕己之心恕人，不患不至圣贤地位也。”还告诫子弟说：“六经所记载的，是圣人的事迹。知道一字就实行一字，要使自己‘造次颠沛必于是’，则能做到所谓‘有为者亦若是’的地步。这都要靠个人的努力。”

范纯仁之弟范纯粹在关陕，范纯仁担心他有在西夏立功的心思，给他写信说：“大辂与柴车争逐，明珠与瓦砾相触，君子与小人斗力，中国与外邦较胜负，不但不可取胜，同时亦不值得取胜，不但不值得取胜，即使胜了也不对。”

十三、程颐折服

范纯仁的气度和胸襟是常人难以企及的，“宰相肚里能撑船”这句话用在他身上再合适不过了。

宋代大儒程颐与范纯仁素有交往。一天，程颐去拜访刚刚卸任的范纯仁，谈起往事，范纯仁显得十分怀恋自己当宰相的时光。程颐不以为然，直言不讳道："在任时你有很多事情都处理得不妥，难道不觉得惭愧吗?"范纯仁不知程颐所指何事。程颐说："在你任相的第二年，苏州一带发生暴民抢粮事件，你本应在皇上面前据理直言，可你却什么也没说，导致许多无辜百姓受惩罚。"范纯仁连忙低头道歉："是啊，当初真该替百姓说话!"程颐接着说："在你任相第三年，吴中发生天灾，百姓以草根树皮充饥。地方官员报告多次，你却置之不理。"范纯仁愧疚无比："这的确是我失职!"此后，程颐又指出了范纯仁的许多过失，范纯仁都一一认错。

过了一段时间，皇帝召见程颐问政，程颐畅谈治国安邦之策，皇帝听后赞叹地说："你真是大有当年范纯仁的风范啊!"程颐不甘心皇帝将自己与范纯仁相提并论，忍不住问："难道范纯仁也曾向皇上进言过?"皇帝命人抬来一个箱子，指着说："里面全是范相当年进言的奏折。"程颐似信非信。打开那些奏折一看，这才发觉自己前些时候指责的那些事情，范纯仁早就进言过，只是因某些原因没有得到很好的实施。程颐红了脸，第二天专程登门向范纯仁道歉。范纯仁哈哈大笑说："不知者无罪，您不必这样。"

范纯仁曾自我总结："懂得恕人，受之不尽。"恕，是用宽恕自己的心来宽恕别人。面对他人莫须有的责备，与其抬头辩解，不如低头认错。谦卑地认错，往往比桀骜地辩解更加有力。

曾肇《范忠宣公墓志铭》记载，范纯仁有五个儿子和五个女儿。"五子：正民，单州团练推官；正平，忠武军节度推官；正思，宣德郎；正路；正国。五女：归将作监主簿崔保孙、朝请郎庄公岳、奉议郎司马宏、承议郎蔡谷、通直郎郭忠孝。正民、正路和崔氏、司马氏二女，皆前卒。孙男七：直彦，宣义郎；直方，郊社斋郎；直雍、直英、直清、直举、直儒。孙女一，曾孙一。"

第三节 范纯礼：爱民勤政

范纯礼（1031—1106），字彝叟，他成长的背后，父亲的精神力量一直伴着他。

宋徽宗时某一天，范纯礼与李朴谈论朝政，说哪些事于国家不利，哪些事于民不利，一顿吐槽。李朴盯着他不客气地说："这些事你既然了解、分析得这么清楚，为什么不在朝堂上直说呢？真是失去了你父亲的风范啊！"纯礼一听，不禁泪流满面，发誓决不再让父亲蒙羞。

早年，范纯礼因父亲荫补入仕，曾任秘书省正字、签书河南府判官等。后历任地方知县、知州。他为人正直，主张大胆选用人才，减轻刑罚、赋税，去苛政，以宽为治，所到之处都颇有政绩。

一、爱惜民力的县令

范纯礼担任陵台和永安（今河南巩义）县令时，朝廷正在修建宋仁宗赵祯的永昭陵。京西转运使把修陵所需要的建筑材料及民工名额分配到各路州县，而唯独范纯礼所在的永安县不接受任务。使者报告给负责修筑王陵的韩琦，韩琦说："范纯礼难道不知道这任务吗？他这么做肯定有他的理由。"

韩琦问范纯礼："你为何不执行命令、不完成任务？"

范纯礼回答说："大宋的皇陵都在永安境内，平时一年到头修缮管理，从来都没有停止过，现在又要永安跟其他县摊派一样多的任务，永安百姓怎么还承受得起呢？还是让永安的钱财放在平时用吧！"

韩琦见他说得在理，便不再催办了。回到朝中，推荐他担任三司盐铁判官，以比部员外郎身份到遂州任知州。

范纯礼像

二、遂州百姓奉如神

泸南发生了战争，周边诸州县的赋税压力越来越重，军方的征调却仍在继续，各州长官催逼百姓，百姓苦不堪言。而遂州（今四川遂宁）的百姓却是例外。知州范纯礼“一以静待之，辨其可具者，不取于民”。上级发来的赋税征调，他一一过目，严格审核，但凡能找出理由免除的，就决不加给他治内的子民。爱护百姓，关心百姓利益，让百姓安居乐业是他为官的准则，也是他对父亲教诲的承继。

从外表来看，范仁礼虽然不喜言论，总是呆板冷峻，面无表情，但是只要遇到与百姓性命攸关的事情，他行为中表现出来的却是如父亲一样宽容、慈悲的心。

遂州产丝，多用作贡品，设有专门的丝库。库中蚕丝经常被盗。偷盗者一旦被官府抓住往往会被定为死罪。范仁礼在遂州做官时，又有一个偷丝人被抓到了。这不是什么特别的案子，只要按旧例定罪即可，范纯礼却不肯轻易这么做。他花了点儿时间调查前前后后的情况，了解到许多人是因生活所逼走投无路才去偷盗的，因此不能一杀了之。他对身边的官吏说道：“为了没有生命的丝物而让一个活人送命，我实在不忍心！”于是，吩咐偷盗者的家人立刻出钱买下丝物以赎罪，所有受株连的人也被释放。

遂州百姓从心底里感谢、爱戴这位善良正直的父母官，对他十分敬仰，大家自愿出资建立一座“范公庵”，在庵中立起范纯礼的塑像，家家户户“奉之如神”。

三、治理开封府

宋仁宗时期，范仲淹曾经担任过开封府知府，这是京城的一把手。他一定不会想到，数十年后，他的儿子范纯礼也担任了这一职位。

宋徽宗赵佶即位后，范纯礼以龙图阁直学士任开封府知府。他的前任以“刻深为治”，过分严厉。范纯礼则反其道而行之，采用宽厚政策。有人对他提出疑义，他则认为：“施政应该宽猛相济，这是圣人之训。开封府而今正处于深渊之中，如果说再施以猛政，就是以火救火。现在是以前的苛政犹未尽，岂有宽厚为患之理呢？”在范纯礼的治理下，京城很快井然有序。

在担任开封府知府期间，范纯礼平反了一桩“叛逆罪”。

享泽村有个村民被人控告谋反，人证物证都在，只等开封府最后审定，案宗到了范纯礼手上，他发现所谓谋反，不过是一个戏迷的即兴表演罢了。

这个村民去戏场，精彩的三国戏表演让他着迷，回来的路上看到工匠做桶，他灵机一动，把一木桶往自己头上一戴，摆出帝王架势，问观众：“你们看，我像不像刘先主啊？”工匠一听，立刻抓住他告了官，官府根据他的言论——想当皇帝——给他定了叛逆罪。

范纯礼写明情况，第二天把报告交了上来。宋徽宗赵佶问：“这件事你想如何处理呢？”

范纯礼回答：“他本是一个愚蠢之人、村野匹夫，因为没有什么知识，才会说出这种浑话。朝廷要是给这样的愚人加上个叛逆的大罪，那真的会辜负了上天的好生之德，因而只须责他不能这么说话，打几下就可以了。”皇帝问：“此事怎样能让后人吸取教训呢？”范纯礼说：“现在正好借着这件事，让外人知道陛下不滥施刑法，足以作为教训了。”徽宗皇帝同意了。

这样的案件如果遇上昏官、唯利是图的官、挖空心思想要立大功的官，那么这个村民绝对难逃一死，或许他的全家还会遭到悲惨的命运。在那个时代，自比皇帝，的确可能会被有心人解读成对现有政权的挑战。范纯礼不愧是范仲淹的儿子，他心中没有功名富贵，而是把道义放在最重要的位置。

四、刚正敢言：与权相曾布叫板

宋徽宗时期，曾拜范纯礼为礼部尚书，并擢为尚书右丞，当时曾布担任右相，两人由于观点不同屡屡发生矛盾。

曾布是何许人呢？他是“唐宋八大家”中著名文学家曾巩的弟弟，二十二岁与曾巩同举进士。此人聪明好强，但心术不正，桀傲不驯，《宋史》将他列为“奸臣”。范纯礼沉毅刚正，曾与他几次叫板。

第一次，侍御史陈次升上书请求罢言官，改由皇帝亲自内批，不要由尚书省进拟。此举实际上是削弱宰相的权力。右相曾布当然不肯拱手让权，认为这个决议绝对不可以，“力争不能得”，并要求将陈次升降黜。范纯礼在朝廷上说：“陈次升有什么罪？他所提倡的不过是防备权臣引进亲信、排除异己罢了。”

宋徽宗认为范纯礼说得正确，而曾布从此对范纯礼大为不满。

第二次，当时朝廷财政出现了困难，皇帝听到了一些说法，心里很不踏实。曾布善于阿谀奉迎，就上奏说：“有许多人议论财政困难，其实现在的情况根本用不着担忧，愿陛下不要为此太过操心。”

范纯礼不客气地当面反驳：“在古时候，如果国家没有存三年的钱粮，就会感到危机，说‘国非其国’。如今农业连年歉收，朝廷国库亏空，你却说这根本用不着担忧，这不是当面欺骗皇上吗？”此话有理有据，铿锵有力，曾布被问得面红耳赤。

第三次，曾布政治上支援新法，熙宁年间曾与吕惠卿共创青苗、助役、保甲、农田之法。但他心胸狭窄，排斥异己。针对当时朋党斗争，范纯礼从容上谏说：“近来朝廷命令，没有不肯定元丰（指以原属王安石为首的党派）而否定元祐（指以原属司马光为首的党派）的。但在我看来，神宗主张新法的本意是好的，只是官吏在推行实施过程中或许有失当，以致给百姓带来了痛苦。现在议论之臣，以此作为借口。赞成元丰的，就认为元丰的人有才能；否定元祐的，就排斥所有元祐的人。他们的内心是真的以国事为重吗？只不过是想‘快私忿以售其奸’，不可不深察！”这番话是直接针对曾布说的。

第四次，反对曾布的用人政策。范纯礼主张大胆选用人才，他在上书中说：自古以来天下能不能治理得好，全在于能不能用对人。在这方面，本朝几代帝王很有经验，太祖用吕馀庆、太宗用王禹偁、真宗用张知白，都是从下层提拔到重要官职。“人君欲得英杰之心，固当不次饬拔。必待荐而后用，则守正特立之士，将终身晦迹。”

范纯礼的多次不合作，让曾布怀恨在心，但又因其沉毅刚正无处下手，于是挑拨驸马都尉王诜说：“皇上本来打算让你做承旨，但范纯礼不同意，皇上就没封。”王诜一听大怒，便诬告范纯礼“辄斥御名”。皇帝听信，罢免了他的右丞职位。

从熙宁二年（1069）到元丰八年（1085），由宰相王安石全面主持变法，陆续颁行农田水利、青苗、均输、保甲、免役、市易、保马、方田等新法，遭到司马光等人的竭力反对。范纯礼与司马光等人的政见基本一致，对新法持有异议而受到贬斥与冷落。

元丰八年（1085）三月，神宗病逝。年仅十岁的哲宗即位，大权掌握在皇太后高氏手中。高氏守旧，尽行复旧法，史称“元祐更化”。同年五月，司马光复出为相，请更张新法，欲罢王安石之免役法而行差役法。此时，苏轼、范纯礼对司马光的仓促做法都不赞成。苏轼认为“差役、免役，各有利害”，或罢或行，都得权衡利弊得失；范纯礼认为“差役当熟讲缓行”，不可草率行事，但司马光听不进去。

元祐九年（1094）四月，宋哲宗亲政，改元绍圣，表示要绍述新政。绍圣年间，一反元祐年间所为。是时，司马光虽已离开人世，但也被夺谥。

元符三年（1100）正月，宋哲宗病死，年仅二十五岁。而哲宗弟弟宋徽宗赵佶执政之初，面对缠绕北宋政坛多年的朋党之争，表示自己对元丰、元祐没有成见，一切只看对国家是否有好处。任何伤害国家利益者，不论是元丰还是元祐，必与国人共同唾弃之。

此时，徽宗将范纯礼的二哥范纯仁请回京城。为消释朋党之争，徽宗还改元建中靖国，表示出一种不偏不党、除旧布新的气魄。这一时期，范纯礼官拜礼部尚书，擢尚书右丞。

然而，建中靖国年号只用了一年就改为“崇宁”。“崇”，推崇之意；“宁”指的是“熙宁”，即徽宗父亲神宗推行变法时的年号。其后，徽宗任用蔡京为相，将大宋王朝一步步拖入了灾难深重的泥沼之中。

就在蔡京上任的第二天，徽宗下达了一道禁止元祐年间所行法政的诏书，以此为开端，发生了中国历史上极为著名的、整治保守派人士的“元祐奸党案”。蔡京为徽宗提供了一份元祐奸党名录，其中包括司马光、苏轼、文彦博、苏辙、黄庭坚、程颐、范纯仁等一百二十人（后增至三百零九人）。徽宗更是先后两次亲手书写元祐党人碑，分别刻于端礼门的石碑和文德殿门的东壁之上，并由蔡京书写颁示天下州县，命令各地刻立石碑。

作为范纯仁的弟弟及政治上的保守派，范纯礼也遭贬。《宋史·范纯礼传》说：“崇宁中，启党禁，贬试少府监，分司南京。又贬静江军节度副使，徐州安置，徙单州。五年，复左朝议大夫，提举鸿庆宫。卒，年七十六。”

范纯礼墓在河南伊川范仲淹墓旁。

第四节　范纯粹：沉静有略

《吴郡五百名贤像赞》称赞范纯粹云：“修备守边，颇牧之功；运筹御寇，姚宋之风。”把范纯粹比作名将廉颇、李牧，贤相姚崇、宋璟。

范纯粹，字德孺，范仲淹的第四子。他的生母是范仲淹第三任妻子张氏。范纯粹1046年生于邓州，比大哥范纯祐小二十二岁，比二哥范纯仁小十九岁，比三哥范纯礼小十五岁。逝于1117年，寿七十二岁。

在兄长的帮助和母亲的督促下，范纯粹从小受到了良好的教育。成年后最初范纯粹也是以父亲的恩荫开始做官，后来逐渐升任赞善大夫、检正中书刑房等，后出京担任滕县知县、提举成都诸路茶场。

一、识大体，成功化解危机

元丰中期，范纯粹担任陕西转运判官。当时宋朝五路出兵攻打西夏。

高遵裕从环庆出发，埋怨刘昌祚援兵来得慢，“欲按诛之”。刘昌祚忧虑病倒了，其麾下将士非常愤慨，对高遵裕心怀不满。范纯粹担心两支部队不和，可能会导致不可预测的变故。为避免事态恶化，他做了不少安抚工作，说服高遵裕去探视刘昌祚的病情，一场危机得以化解。

二、有胆气，冒死强谏

太监李宪为了个人目的，鼓动宋神宗再次兴兵，宋神宗听信他的话，下令：“天下人谁敢上书提班师回朝的事，我就把他全家灭了。”皇帝没想到偏偏就有人不怕死。范纯粹接连上书反对，还一口气陈述了三十六条不能出兵的理由。

范纯粹说：“关陕军力单竭，朝廷和百姓都已经很疲惫，我担心的是，如果再有大的动作，国家的根本可能都会动摇！我家世受国恩，我宁可因今日说出全部实情而被降罪，也不能因不说而让后世指责。”言辞非常恳切。奏折递上以后，他自己到相关部门投案，甘愿受罚，等待皇帝降旨。范纯粹的一番话，很容易让人联想起范仲淹当年“宁鸣而死，不默而生”的坚决和无畏。

范纯粹像

宋神宗看过他的奏折后，沉默不语，召来太监李舜聪，问他：“范纯粹折子上所讲的证据都很清楚，事实真的是这样吗？李宪哄得我说了狠话，禁止天下人都不得反对进兵，范纯粹说的事要是真的有，该如何是好啊？”李舜聪沉默许久，终于说了一句话：“范纯粹说的这些尽管不是全部有，但也不是全部没有。”神宗立刻领悟出他的话中之意，下诏班师。赦免范纯粹无罪，并升他为陕西转运副使。

三、不忍之心

元丰年间，范纯粹任陕西转运判官时，宋兵五路大举，财用匮乏，屡请于朝。吴居厚当时任京东转运使，正因冶铁鼓铸而得宠，曾多次向朝廷上交羡赋而被表彰。神宗准备拨徐州二十万缗以资助陕西。

范纯粹对他的同僚说：“我们这里虽然很需要钱粮，可我怎么忍心再取百姓的膏血啊！”于是上奏皇帝说：“我这一路得到钱当然是好事，但是从徐州运到边关，路上的花费太大了。”恳切推辞而没有接受。后来，范纯粹被调入京城担任右司郎中。

哲宗继位后，吴居厚被免，范纯粹以直龙图阁代替他的职位，到任后把吴居厚任内的苛政全部废除。当时苏轼正好从登州被召还，范纯粹与苏轼同建募役之议，苏轼曾说对这件事了解最透彻的就是范纯粹。

四、范纯粹的公心

宋夏之间多年战争不断，后来双方准备议和。范纯粹认为，应该归还宋军所占领的西夏土地，否则今后还会因为这些地方引起事端，边疆的和平无法真正实现。

他批评西北各路军队之间互不支援的潜规则，主张一旦一路受到攻击，邻路应该主动提供帮助。他不仅这么说，也是这么做的。当泾原路受到袭击时，范纯粹立即派遣环庆路副总管曲珍将军前去相救，他说："本道首建应援牵制的原则。作为臣子，有义务为国家捐躯，邻路被敌人入侵，我却视而不见，这不是称职的行为。"

曲珍率领部队当天疾驰三百里，在曲律打败西夏入侵之敌，并一直追击到双方分界的横山，俘斩西夏军一千八百人，西夏兵远远退去。

五、批评卖官政策

范纯粹曾经批评宋朝的卖官政策，认为这是败坏国家的道德，无益于人才。他说："国家法律固然允许通过进纳取得官职，但未曾听说有这个政策。像现在，在西北三路，交纳三千二百缗可以买到斋郎，四千六百缗可以买到供奉的职位，而且可以免试授官。国家那些士大夫一生辛苦到死，都不能给子孙挣得职位，那些富人、有钱的商人，捐钱千万，就有资格让三个孩子做官，我真为朝廷感到遗憾啊！"范纯粹此论切中了宋朝的时弊，但并未引起当政者重视，折子递上去后，朝廷没有听取他的建议。

六、多次遭贬

元祐年间，范纯粹担任宝文阁待制。再任，召为户部侍郎，又出知延州。绍圣初年，宋哲宗亲政，朝中掌权者想要立军功，欲挑起边境战争。御史郭知章就拿当年范纯粹归还西夏地一事说事。范纯粹因此被问罪降职。第二年，又以宝文阁待制出任熙州知州。后来，章惇、蔡卞经略西夏，他们明白范纯粹不会与他们共谋，甚至可能会坏自己的事，就把他调离边境，改任邓州知州。历河南府、滑州，后因元祐党人夺职，知均州。

宋徽宗继位后，范纯粹重新被起用，担任信州知州。没多长时间，又被罢职，改知金州。很快又被降职为常州别驾，鄂州安置。这段时间，他严格管束家人，要求家中子弟不得擅自回京城。后来遇赦。党禁解除后，他官复徽猷阁待制，之后辞去官职，去世时享年七十二岁。

《宋史》说，范纯粹“沉毅有干略，才应时须”，凡条疏时事，议论皆剀切详尽。范仲淹晚年曾经对三个儿子每人用一字评价：“纯仁得其志，纯礼得其静，纯粹得其略。”不过，范仲淹去世时，小儿子范纯粹才七岁，小小孩童，不知道是什么样的表现获得父亲如此赞赏。总的来说，这个评价倒是贴切。

中国古语道：人生七十古来稀。范仲淹父子同时代的人，寿命七十岁以上的还真不多。范仲淹四个儿子中，除范纯祐外，范纯仁、范纯礼、范纯粹兄弟三人都寿命过七十岁。

第五节　范家后辈有贤名

范正平，字子夷，是范纯仁的长子。学问操行很高，日常与人交流说话常常随口援引《孝经》《论语》中的语句。

父亲范纯仁去世时，皇帝特别下诏给予恩泽，允许其子孙中选出一个人入朝担任职务。对于家族中的青年人而言，这是一次好机会。作为长子，范正平是拥有优先权的，然而他却把这个好机会让给了最小的弟弟。

范正平为官清正，不惧权贵，并因此得罪了蔡京。蔡京主持国事后，为报复范正平，给范家制造了一起冤狱。范正平的罪名有两个：一是“矫撰父遗表”；二是“妄载中使蔡克明传二圣虚伫之意”。

这件事的起因要追溯到范纯仁去世。宋朝惯例，官员去世有“遗表”和“行状”。“遗表”是古代大臣临终前所写的章表，死后上奏给朝廷。“行状”是一种文体，专指记述死者世系、籍贯、生卒年月和生平概略的文章，也称“状”“行述”。

蔡京等人先是诬告范正平私自篡改了范纯仁的“遗表”，说重了这就是欺君之罪；然后指责李之仪为范纯仁撰写的“行状”中记载有中使蔡克明传达二圣虚位以待的旨意。两条指控加在一起，几乎置范正平一家于死地。范正平、李之仪及当年传旨的中使太监蔡克明统统被审查。

范正平临行前，弟弟范正思拦住他说：“讨论父亲行状时，哥哥正在修建坟墓，参与笔削的人是我，哥哥为何要去？”范正平回答：“蔡京的真正目标是我，何况我是你的哥哥。”最后范正平入狱。

在狱中经历了一段饱受折磨、痛苦不堪的日子后，很多人的精神几乎崩溃，甚至想索性认了这诬告之罪。好在中使太监蔡克明比较清醒，他想起一件关键的事：过去传皇帝圣旨有个惯例，但凡向大臣传达圣语，先在皇帝面前记在正本，盖上御印，然后在内东门登记入册。后来果然从范家找到了当年的圣语本，上面有御印；查验内东门的档案，二者完全相同。第二宗罪算是清楚了。第一宗罪，范纯仁的“遗表”原本中有八件事，他的儿子们觉得关涉朝廷大事，为防后患，不敢向上奏报才做了删改，原本已经上缴封存。审查人员从颍昌取到了这份文件，发现情况也属实。这场官司才算完结，范正平出狱，但仍被流放到岭南的象州管制起来，随行的家属死了十多人，直到后来遇赦，才得以回到颍昌的家。

范正平很会写诗，尤其擅长五言，著有《荀里退居编》。吕本中在《童蒙训》里称赞范正平“能世其家”。范正平曾经说过，自己家学的其中一点是“不卑小官，居一官便思尽心治一官之事”。不因官小而不为，哪怕再小的官，只要居于此位，就必须履行其职责，尽心尽力做好本职工作，这才是真正的“学圣人”。如果以为州县之职只是让人劳烦，那就不是“学圣人”了。他还批评那些没有获得显官高位、自以为怀才不遇之人，说他们是愚人。范正平说：“仲尼，圣人也，才作陪臣。颜子，大贤也，箪食瓢饮。后之人不逮孔、颜远矣，而常叹仕宦不达，何愚之甚！”

第九章

家声代代传

第一节 孝悌忠恕

一、范仲淹与继父

人间的真情，除天然的血缘之情外，还有一种是在日常生活中风雨与共培养的感情。范仲淹大约四岁时随母亲到朱家，从朱姓，名说。

在范仲淹成长过程中，扮演父亲角色、承担父亲责任的人，是朱文翰。他养育范仲淹长大成人，带着他走遍历官之地，督促勉励他读书，对于这个继子，他绝对没有亏待过。相信范仲淹青少年时期与父亲的感情应该是挺好的。

安乡读书台，便是一例。朱文翰在当地做官，把随行的朱说安排在此处读书。至道元年（995），朱说年方六岁，跟着继父朱文翰来到安乡。公务繁忙的知县朱文翰把继子朱说安排在兴国观村学，由司马道士照顾。三年后，朱文翰任官期满带着十岁左右的朱说离开这里。十几年后，朱说考中进士，做了官，奏请复姓归宗，改名范仲淹。消息传到安乡时，当地官民非常欣喜。司马道士和当年的学友尤其高兴，他们把兴国观村学改为“范仲淹读书堂”，还画了范仲淹像，激励学童积极向学。

朱文翰对范仲淹这个继子很关照，恩宠有加，为他提供了读书和受教育的机会。范仲淹二十多岁时，因一次突发事件，才从别人口中知道了自己的身世。从这可以看出，正是朱文翰对他一向视同己出的深情，才会让他十几年中从未怀疑过自己的身世。特别要说明的是，范仲淹最后从朱家出走，起因或许是与朱氏兄弟的口角，但其根本原因还是出于自己的伦理认知，而不是因为与继父朱文翰有矛盾。正由于此，南宋绍定二年（1229），池州知州丁黼作《范文正公祠堂记》云：“其亲爱顾念朱氏，情义最笃。”范仲淹位高官显后，即请皇帝恩荫，“以南郊封典赠朱氏父太常博士”。在母亲的安葬问题上，他也考虑得很深远。他先是将母亲葬于宁陵，后安葬于洛阳万安山。在其错综复杂的伦理纠葛中，范仲淹终没有让谢夫人随生父范墉葬入苏州范氏祖茔，而是另立新茔，也可以解释为对已故继父的尊重。

庆历五年（1045）四月四日，范仲淹向朝廷上了一道因郊恩奏请恩泽的奏章，内中说道：“继父故淄州长山县令朱文翰既加养育，复勤训导……伏望以所授功臣阶勋，恩命回赠一官。”这是如今唯一可靠的记载范仲淹自己说的话。这一年，范仲淹已五十七岁了，对继父“既加养育，复勤训导”之恩仍念念不忘。《长山县志》记载说，范仲淹“性至孝，虽改姓还范，仍念朱氏顾育恩，乞以南郊封典，赠朱氏父太常博士，朱氏子弟以荫得官者三人，并于孝妇河南置义田四顷三十六亩，以赡朱族”，

“及忠宣公（范仲淹次子范纯仁）巡视山东，又置祭田一顷三十亩于孝妇河北”。晚年范仲淹知青州，还专程礼参长山父老，并亲笔写了《留别乡人》诗为念。从乞赠异姓封典到置义田和祭田，范仲淹的这些举动，所表现出的绝不是单纯的报恩行动，而是发自内心的一种深深的感情。范仲淹对朱氏的感激之情肯定常对子女谈起，因而才会有次子范纯仁置祭田的举动。关于范仲淹与长山朱氏的感情还表现在他与朱氏的书信中。从《范文正公全集》“范文正公尺牍卷上”中与朱氏十五封信的内容中可以看出范仲淹与朱氏兄弟及侄子的深厚情谊和亲密关系。信中提到了“秀才三哥”“朱侄秀才”“五娘儿”“十四郎”“五学究”“七哥”“大郎”“八员外”“山东九郎”“五哥”等并表示关切。

二、“范六丈是圣人啊!”

一次，范仲淹和好友富弼的意见发生冲突，富弼对他的表现非常不满意!

事情发生在朝堂上，起因是大臣们讨论高邮守将晁仲约应该如何处置，他曾经用钱粮犒劳一股起义的农民。富弼认为，晁仲约这种行为是“贿敌”，应该斩！范仲淹不同意，他认为，晁仲约只是让有钱人出点钱粮赈济吃大户的饥民，谈不上“贿敌”，不应该获罪。最终，仁宗皇帝认可了范仲淹的观点。富弼觉得范仲淹对不当行为太过宽容，十分生气。

范仲淹把富弼拉到一边，给他讲道理：“大宋建国以来，对大臣从没有乱疑乱杀，这是一种好传统啊！我们为什么要破坏它？为什么要鼓励皇帝杀人呢？况且，伴君如伴虎，皇帝杀习惯了，我们今后恐怕也危险哪！”

富弼不以为然，还是觉得范仲淹过于仁慈，不足可取。然而随后发生的一件事，却让富弼对范仲淹心服口服。

富弼被派往河北一带巡视时曾去京都开封办事。这天他刚刚来到城门外，就有朝廷派的人来找他，对他说：“皇上有令，今天你不要进城，就在城外住下吧。”富弼不知道宫中发生了什么事，也不知道是不是有人在皇帝面前说了自己的坏话，心中忐忑不安，一夜都没心思上床安睡。提心吊胆中想起和范仲淹的那场争论，才领悟到范仲淹那句话的深意——真的不能鼓励皇帝杀人啊！他不由得叹息道：“范六丈是圣人啊！”

三、养亲是福

在陈州时，范纯仁在后园里待着，一个儿子陪在他身边。

范纯仁忽然问儿子：“八郎，你今年多大了？”

儿子回答说：“我今年四十六岁了。”范纯仁沉默一下，叹了一口气说：“你真是个有福气的人啊！我不如你。”

儿子很吃惊，说：“父亲您都是做过宰相的人了，这么大的功勋事业，却说自己不如我，我不明白您的话是何意。”

范纯仁看着儿子，沉默了一会儿，说道：“我说的是真心话。我的母亲离世时我只有十一岁，父亲去世时我二十六岁。再看你，你今年都四十六岁了，父母兄弟都好好的，每天都可以与家人在一起。我哪有你这样的福气啊！”

在与儿子的对话中，年近七十的范纯仁仍在眷念父母。在他心中，什么是福气呢？不是高官厚禄；在他心中，长伴父母是福气，兄弟团聚是福气。他写给弟弟们的诗句中也经常流露出浓浓的亲情。

四、兄友弟恭

父亲去世后，范纯仁一直照顾着生病的哥哥范纯祐，还为此拒绝了几次升迁的机会。父亲的好友富弼还为此责怪他不珍惜朝廷给予的恩赐，他听了仍然不以为意。范纯仁像侍奉父亲一样守着这个病中的兄长，《宋史》曰："兄纯祐有心疾，奉之如父，药膳居服，皆躬亲时节之。"纯祐病了十九年，父亲去世后，纯仁单独照顾哥哥的时间有十多年。这期间，的确有几次很好的升迁机会，但是考虑到可能会不利于哥哥养病，范纯仁毫不犹豫地拒绝了，他的善行令人肃然起敬！

"兄友弟恭"是中国的传统美德，范家兄弟间的真情令人钦羡、令人敬佩。哥哥去世后，范纯仁张罗哥哥的身后事，并请富弼为哥哥撰写了墓志铭。

酬庆州五弟

仲氏居青琐，予而各大州。报君当尽节，省己合回头。

继述将何有，荣华过即休。相期知止足，里社早同游。

写这首诗时，范纯仁在朝廷日理万机，弟弟范纯粹在边疆保家卫国。他一方面勉励弟弟要为国家尽心尽力，同时又提醒弟弟，所谓的"荣华"不过是转眼即逝的浮云，要明白真正应该继承的是什么，还与弟弟约定，遵守"知止足"，期待有一天兄弟们能早日在家乡欢聚同游。

范家兄弟们对亲情的重视，也一如他们的父亲范仲淹。

范纯仁的姐姐嫁到了蔡家，姐夫去世后，范纯仁把姐姐也接到许昌自己做官的地方赡养。那个时候，上有病兄寡姐，中有弟弟范纯粹还没有成人，下有自己的孩子嗷嗷待哺，日常生活开支很大，纯仁的官俸往往入不敷出，一家人的日子总是困顿。

但是这样清贫和乐的大家庭和这段家人聚首的时光，永远刻在范纯仁兄弟们的心上。后来，他们都成为国家之栋梁，接受朝廷的派遣分赴各地，归乡聚首成为梦想，兄弟们往往一别数年难得相见。范纯仁留下不少想念弟弟妹妹的诗句。

零陵忆弟妹

感秋怀弟妹，憔悴客潇湘。他日常星聚，衰年隔雁行。

既盲难引望，垂老易悲伤。安得骑鸿鹄，高飞向汝傍。

（自注：昔年兄姊妹五人常聚于许。）

诗中，范纯仁深深怀念当年一家人欢乐团圆的美好时光，流露出对兄弟姐妹们的疼爱和思念。此时哥哥早已离世，自己又得了眼疾，几乎失明，翘首渴盼再见到弟弟妹妹们，如果可以骑上那在云天高飞的鸿鹄飞向他们，该多好啊！

有时候，范纯仁与范纯礼相约见面，却经常被公事绊住而未能如愿。他深知，为了“家国宁”，所以兄弟们只得暂时分离。纯仁把失落和思念也写在了诗句中。

累约舍弟纯礼以职事未至

落叶犹同飞，寒鸟犹并枝。我汝独何负，不得长相随。

偶为细累拘，跬步成天涯。后日更远适，会合信难期。

尚愿家国宁，且作千日离。悠悠百年间，几别颜即衰。
从宦非我志，功名徒自欺。谁言干寸禄，坐使手足违。
逐末背本心，得一万已遗。我汝粗有识，此事良同悲。
安得长洲田，清水稻百畦。将汝入故庐，亲戚坐成围。
幼弟就文史，长兄近砭医。孝谨奉诸宗，祭祀洁四时。
此外逐风月，对酌白酒卮。毕世为善人，不负生育慈。
斯志傥未遂，终为路人嗤。

通过这首诗，可以解读他的心迹。他和弟弟向往的生活是什么呢？在他的脑海中浮现的是老家苏州那片乐土。清清的溪水浸润着稻田，稻花香里，范纯仁想象着自己和范纯礼相携相伴走进祖辈世代居住的老宅子，亲戚朋友围在一起闲话家常。小弟范纯粹在身边读书习字，哥哥范纯祐可以方便就医。兄弟们一起孝敬宗族长辈，按时祭祀祖先。除此之外，还可以同赏风景、共饮佳酿。一辈子做个行善积德之人，才不辜负父母的生育养育之恩啊！

第二节 节俭持家

宋代，特别是北宋在边患较少的一段时期里，农业、手工业、商业、科学文化也都曾有一定的发展，某些领域获得了巨大的成就。城市经济呈现出一片繁荣景象。北宋都城汴京就是一个突出的例子。孟元老在《东京梦华录》里描绘过它的全盛之时：

举目则青楼画阁，绣户珠帘。雕车竞驻于天街，宝马争驰于御路。金翠耀目，罗绮飘香。新声巧笑于柳陌花衢，按管调弦于茶坊酒肆。八荒争凑，万国咸通。集四海之珍奇，皆归市易；会寰区之异味，悉在庖厨。花光满路，何限春游；箫鼓喧空，几家夜宴！伎巧则惊人耳目，侈奢则长人精神。

一、俭为家法

在这样繁华的都市里，宋朝不少官员过着享乐的生活，有些人甚至生活很奢侈。“朝为田舍郎，暮登天子堂。”宋初科举取士，打通了底层向上层流动的渠道。不少经历过十年寒窗苦的书生，做了官以后拼命享乐，好把当年的辛苦补回来，比如宋祁在动笔修史时，还要美女持烛侍酒，其兄长劝他不要过于奢侈，他说：“我们当年吃菜喝稀粥，为了什么啊?不就是为了今天的享乐吗?”范仲淹却是另类。

从范仲淹的治家经验来看，第一要紧的就是家风，而范仲淹的言传身教，就是维系和光大家风的最重要一环，“俭”正是他亲身示范的家规。范仲淹一生洁身自好，治家更是十分严谨。他常对子女们说：“我与你母亲侍奉你祖母，你母亲都是亲自烧火做饭。你祖母生活俭朴，治家节俭，她从来不随便吃好东西，也不用人侍候，她老人家给我们立下了节俭的家风。”

虽然官越做越大，范仲淹在生活上却自始至终都很俭朴，平时只有在宴请客人时才吃肉，穿的也是普通布料衣服，省下薪俸在家乡设立“义庄”，用于救济同族的穷人。由于范仲淹对子女良好的教育和以身作则的影响，他的家人都具有勤俭的作风。正如富弼在《范文正公墓志铭》中所说：“既显，门中如贫贱时，家人不识富贵之乐。”在这样一位大家长掌舵之下，即使名满天下，贵为副宰相，他与家人始终保持着简单朴实的生活，从来没有过过富贵人家的奢侈生活。

古人云：“由俭入奢易，由奢入俭难。”俭以养德，是范仲淹秉持终生、坚持终生的理念和亲口说出的“家法”。流传的一个故事也在说明，从年轻时起，这个观念就跟随着他。故事是这样的，他在南都学舍读书时，同学刘某看他每天吃着冷粥咸菜苦读不辍，出于友情，就把他的情况告诉了自己的父亲。他的父亲是当地主政的官员，听说后也很感动，就让儿子带了精美饭菜给范仲淹。结果，范仲淹连动都没动。刘某感觉很受伤，也很气愤，问他：你是不是觉得我给你送饭菜是笑话你穷，是对你的侮辱，你才不吃的？你要是那样想，可太冤枉我了！范仲淹一看刘某生气了，赶紧笑着解释：这些饭菜太好了，看着都让人流口水，这深深的同学关爱之情我怎么会领悟不到呢。只不过，我转念一想，吃了这样的好饭菜，我的舌头恐怕会挑剔起来，以后就吃不惯冷粥咸菜了！刘某明白了他的心意，误会消除，对他更加佩服。范仲淹的定力真是非凡。

不少古代名人留下了与"俭"有关的家训、家规。诸葛亮在《诫子书》中说："静以修身，俭以养德。"司马光曾经留下书信告诫子孙要"俭"。范仲淹并没有留下专门的书信，但他的言传身教和家风，正是践行了中华民族的传统美德。"俭"是对物欲的自觉抵制，是修身的功夫。范仲淹说："老夫平生屡经风波，惟能忍穷……"

二、"惟俭可以助廉"

曾经流传着这样一个故事：范纯仁要结婚了，不知哪里传来一个消息，说女方家境很好，要陪嫁罗绮帐幔。范仲淹听后很不高兴，他说："罗绮岂是做帐幔的东西，我们家历来以节俭为家训，怎可乱了我们的家规呢？她要敢带来，我就当堂烧了。"这话传到女方耳中，就没有陪嫁罗绮帐幔。

二公子范纯仁所娶的妻子姓王，她的伯父做过宰相，其父亲也是京官，正是范仲淹经得起考验的老朋友王质。当年范仲淹因为得罪丞相吕夷简被贬出京，群臣慑于吕相威势也好，为了自保而避嫌也罢，居然只有两个人敢为范仲淹送别，王质就是这两人之一。王质身体不好，当时还生着重病，却乘着车拉着酒来了，丝毫不惧被人告密，列为范仲淹同党。范纯仁要娶的妻子就是这样一位挚友的女儿。

其实范纯仁一直保持着节俭家风。从布衣到宰相，廉洁勤俭、关注民生始终如一，继承了父亲的品质。他的长子范正平读书时，夫妇俩从来不给孩子穿华贵的衣服，学堂中也没有人知道那衣着简朴的少年居然是丞相之子。

有位亲友来向范纯仁请教为人之道，范纯仁说："惟俭可以助廉，惟恕可以成德。"意思是说，只有俭朴才能铸成廉洁之风，只有宽恕才能成就好的德行。亲友认为这句话说得很对，将这两句话当成了自己的座右铭。

三、三千布被客

同父亲范仲淹一样，范纯仁喜欢结交朋友，门客众多。初为官时就有人来投奔他。但凡有一孔之才，他都乐意留下来。官高位显后，他的门客就更多了。

中国古代有养门客之风，最著名的是"战国四公子"——齐国的孟尝君田文、楚国的春申君黄歇、赵国的平原君赵胜和魏国的信陵君魏无忌。这四人都是本国贵族，是名声、地位、财富首屈一指的人物。跟随他们的食客也往往衣食无忧，有的甚至过着锦衣玉食的生活。据说，春申君黄歇的食客众多，穿着非常奢华，他们的鞋子上都绣有珠玉等宝物，人称"珠履客”。

范纯仁在陈州做太守时，拿出自己的俸禄让人做了几十条布被送给那些贫寒的门客。当时的人说：“孟尝有三千珠履客，范公有三千布被客。”以此笑话他的简朴。

范纯仁听后只是一乐，自己也做了一床这样的布被享用，还写了铭文来说这件事。范纯仁处于宋代，要养门客只能用自己的收入。这次赠送的布被可是用他自己的俸禄购买的。虽然宋代官员的俸禄不薄，但与战国贵族还是无法相比，况且范纯仁收入的大半还要用于苏州义庄、义田的投入。这样一来，留给自己和家人支配的钱财还能有多少呢？

范纯仁此举仿佛一股清流，渗入士人心中，后来，司马光等人也开始效仿他的做法。

四、“真率会”

范纯仁曾两度担任宰相，人称“布衣宰相”。在范仲淹严格管教下长大的范纯仁，言行均深受父亲的影响。尤其值得称道的是，范纯仁继承父风，始终克守俭朴之道。他和司马光同在洛阳做官时，两人都十分好客，但家里都很贫困，于是互相约定，倡设“真率会”，宴客仅有粗米饭，酒过数巡即罢。尽管如此，洛阳士人却多将此会当作盛事。

从布衣到宰相，范纯仁的廉洁俭朴始终如一。他去世的时候，其幼子和五个孙子都还没有出来做官。

范纯仁的大外孙，名叫崔豫，为人比较自负，喜欢挑剔人与事。或许是遇到了一些不顺心的事，就写信给外祖父，向他请教为人为官的道理。

范纯仁回信说："我平生所学，得之'忠恕'两字，一生用不尽。以至立朝事君，接待僚友，亲睦宗族，未尝须臾离此也。"观其行为，也确实如此。他在朝中有时受到排挤打击，不仅自己不说政敌的坏话，也不准儿子们说对方的坏话。

五、任官行装不可多

家风，是一个家庭或家族的传统风尚或作风。继承了廉俭家风的当然不只是范纯仁一人，范家老三范纯礼、老四范纯粹也是如此。

范纯礼喜静，沉默寡言。在家中他常常"端坐如木偶人"，双脚像钉在地上一样，从早到晚纹丝不动。等晚上他离开后，地上竟留下一双深深的鞋印子。这样直挺挺地坐上一天是非常辛苦的，很多人都会觉得疲惫不堪，而他丝毫不觉疲倦。在家中，人们也很少看到他情绪上的喜怒变化。

喜怒不形于色的范纯礼有一次却对一个侄子发了脾气。范纯仁的一个侄子初次到外地任官，临行前来向叔叔拜辞。老僧入定般的范纯礼点点头，忽然问他："你出门带的行装有几担？"侄儿如实回答说："有十担。"范纯礼一听，立即批评他说："初次任官你就带这么多行装，以后做官时间长了，得带多少？我第一次出去到遂州做官，行装只有三担，官做完了回来时还是三担。少带行装，不仅遇到急事容易收拾，也是为了不留下铺张的坏名声。"

范纯粹出生时父亲已经位高权重，出将入相。但一个死时连入殓的新衣都没有的父亲，当然不会给儿子贵公子般的童年生活。后来，在哥哥们的照顾下，在母亲的抚养下，范纯粹的成长也从未偏离父亲定下的家风。

可见，范仲淹简朴的家风在儿子们这里传承得很好。正如他的四子范纯粹诗文中所说：“惯处贱贫知世态，饱谙迁谪见家风。”范仲淹和他的儿子们，把简朴的生活视为宝贵的财富，把富贵视为需要加倍警惕的诱惑。

第三节　乐善好施

史书说范仲淹“平生好施予”，正如前文所述，他资助过穷秀才孙复、石介，帮助过李觏，还经常帮助去世同僚的家人。比如，有位官员名叫吴遵路，是个孝子，曾在母亲坟上修建草屋守丧，每日遵照礼仪蔬食。等到他去世时，家中没有留下任何值钱的东西，家人无钱为他下葬。范仲淹知道后就从自己的俸禄中拨出一部分送给吴遵路的家人。

一、孤儿寡妇船的故事

这是《范文正公言行拾遗事录》中记载的一个故事。

范仲淹在守越州时，属下一名户曹叫孙居中，客死在越州。彼时孙居中儿子年幼，家中一贫如洗，妻儿无法回到北方家乡，愁苦的家人们抱头痛哭，引来了知州范大人。眼前的景象令他心酸，好好的一家人，为了一官半职不远千里奔波，却又客死他乡，可怜啊！贬官在外的范仲淹又从自己的俸禄中取出百缗相赠，并给他们弄来一条巨舟，派几名老衙校护送孙户曹的家人北归。

这样安排之后，范仲淹还不放心，想着万一路上遇到关卡盘查为难可如何是好，思索之后，他挥笔写下一首诗，吩咐手下人说："到了关津，就把我的诗给他们看。"诗文如下：

十口相将泛巨川，来时暖热去凄然。

关津若要知名姓，便是孤儿寡妇船。

二、范纯仁送粮的故事

范仲淹经常教育子女说："救人危难是做人的本分。"

一次，范仲淹叫次子范纯仁随差人用船往苏州运送五百斛小麦，以周济族人。路经丹阳时，忽然听到附近的一只船上传来悲惨的哭声，范纯仁靠船前去探问究竟，得知是石曼卿护送亲人灵柩回乡安葬，船至中途，钱尽粮绝。石曼卿是北宋文学家、诗人，官至太子中允、秘阁校理。由于他为官清正廉洁，所以家境清贫。

石曼卿是范仲淹的朋友，范纯仁认识这位石叔叔，了解情况后对他十分同情，决定将五百斛小麦送给石叔叔。石曼卿在感激之余，话中透露出他家里接连有三人去世都无力下葬的事。范纯仁一听竟慷慨立断，将船也一起留下，自己徒步返京。见到父亲后，想着如何开口告诉父亲。

范仲淹见儿子回来了，便问："在路上遇到什么认识的人没有？"范纯仁便将路上遇到石曼卿的事告诉了父亲。

范仲淹马上说："那你为什么不把五百斛麦子给他？"

范纯仁答道："我正是给了他，可我看出他家三丧未葬，五百斛麦子恐怕不够。"

范仲淹又急着说："你为什么不把船也给他？"

范纯仁又答道："我正是把船也给了他，才徒步返回的。"

范仲淹大喜："这就对了，真不愧是我的儿子！"

范纯仁送粮的故事成为范氏家族进行品德教育的一个榜样，范纯仁的后代为有这样的祖先而骄傲，他们自豪地称自己为范氏"麦舟堂"。

第四节　清廉守正

一、“一家哭”与“一路哭”

庆历三年（1043），几位时人眼中的贤人当政，他们实施了一次改革。为整顿吏治，中书与枢密院联手行动，选拔路级地方官员——转运使。

范仲淹手中拿着一份名单，在仔细翻检着，看到庸碌无能者便一笔画掉，毫不留情。只有真正的精英才会被他选中，举荐给朝廷。

富弼在旁边看着，动了恻隐之心，就对范仲淹说：“范十二丈公，您这一笔画下去，那一家人可就得哭了！”

范仲淹停下笔，回答说：“一家哭总好过一路哭啊！”

新政改革的措施仿佛从天而降的雷鞭，鞭打着贪婪者、懦弱者、害民者、不作为者，他们感到多年来的好日子突然到了头，切身利益被冲击、损害。新政选拔出来的转运按察使和提点刑狱，或勘察询问，或囚禁抄家，更让他们心惊胆战。

在八个月轰轰烈烈的改革中，范仲淹重定了《三班审官院流内铨条贯》，令天下各州县兴办学校，调整科举政策，派数百名转运按察使和提点刑狱，对全国官员进行考核。一大批贪官污吏被查处、撤换；一批清正廉洁的官员被保举到重要的岗位；一批旧规定被废除，如取消公费宴会、赐宴和补贴膳食等；一批新制度建立起来，如规定举子必须在校学习三百日，才能参加州县科举考试，学校因此大兴。

胸怀理想的官员盼望着新政可以革除国家多年的积弊，还大宋一个美好的未来。新政如同一股新风吹来，带给天下百姓新的希望。然而，新政不可避免地触碰了一些人的既得利益，他们不甘心自己的“奶酪”就这样失去，蛰伏的反对力量，随时准备伺机而动，摧毁改革。

二、没有私产的高官

范仲淹为官近四十年，没有私宅，没有私产。在开封府任职时，他们一家是在一条名叫“苦水巷”的地方租房居住。

范仲淹出将入相，身居高位，心怀天下，去世时，却连一身新衣服都找不出来；他的妻子和儿子们没有地方可住，好在朝廷暂时为他们提供了居所。

“积金以遗子孙，子孙未必能守。”范仲淹至晚年“田园未立”，没给子孙留下什么物质财富，但他留下的“先忧后乐”的思想，又岂是能够用金钱衡量的？

古语云“富不过三代”，范氏家族却创造了中国的一个家族传承奇迹，近千年而不衰，人才辈出，家风纯良，在中国历史上，像这样有洪福大德的人家并不多。

有一个流传千百年的故事。范仲淹守官苏州时曾经购得一块地皮，原本打算盖房自住。动土前，依照当时的风俗请来风水先生相看。风水先生考察一番后，激动万分，告诉范仲淹：“大人，这可是难得的风水宝地啊！谁家在此建房盖屋，谁家就能世世代代出公卿、出人才啊！”

范仲淹一听，也非常欣喜。他说：“这要真是一块能出人才的宝地，那好处就不应只是范家独得。”很快，他捐出地皮，在上面建造学舍，创办了苏州郡学。后来，又延请名师，为家乡培育出大量优秀人才。在他的心中，为天下育人才，人才不必在范家。公心永远第一。

正如他临终前所上的“遗表”，国事民事念念不忘，自身自家私事只字不提。空着手来，空着手去。也正因为如此，他才会永远活在人们的心中！他的后人承继先贤泽被后世，便是他不朽的生命！

孟子说：“富贵不能淫，贫贱不能移，威武不能屈，此之谓大丈夫。”范仲淹正是这样顶天立地的“大丈夫”！少时的贫贱磨炼了他的意志，中年后的富贵始终没能改变他的初心。五十岁后，范仲淹官高了，权重了，名气也越来越大。从条件上来说，他和家人完全可以享受富足安康的优渥生活，然而他从没这样做过。就在五十二岁那年八月，他担任了陕西经略安抚副使，兼知延州。当时仁宗皇帝赏金赐银，非常慷慨。这笔数额不小的财富，分文没有落到范家人手中，全被范仲淹拿去奖给了将士，或用于安抚边境少数民族及其首领们。在他五十五岁时，他担任参知政事，成了“副宰相”，收入就更多了，可是他的妻儿依然布衣淡食，过着清苦的生活。《宋史·范仲淹传》说，他家里“非宾客不重肉。妻子衣食，仅能自充”。挚友富弼在《范文正公墓志铭》中也说：“既显，门中如贫贱时，家人不识富贵之乐。”如前文所述，范仲淹家人“不识富贵”的俭朴生活，是他们的选择。他们不是没有条件，不是没有能力，而是“不愿意”。在他们的价值观中，“独乐乐，不如众乐乐”。钱财，是身外之物，个人的幸福快乐跟拥有身外之物的多少没有太大关系。人生的意义在于对社会、他人的贡献，扶危济困似乎成了他的本能，因此富弼才会说范仲淹“天性喜施予，人有急必济之，不计家用有无”。

范仲淹身体不好，六十岁后时常感到疲惫乏力，某次与人闲谈时他曾流露退闲之意。当时有人要在洛阳为他建园林，有人要为他买下著名的“绿野园”，这些提议都被他拒绝了。他说：“我担心的不是退闲后有没有地方住，而是国事繁忙退不下来。”至于拥有一座美丽的园林宅院的好处，他当然知道。不过，比这更重要的是，建一处园林，一定会耗费钱财造成浪费，也一定会给国家和人民增加负担。买下别人的园林也不可行，因为那是“取他人之物为自己所用，我会于心不安的”。

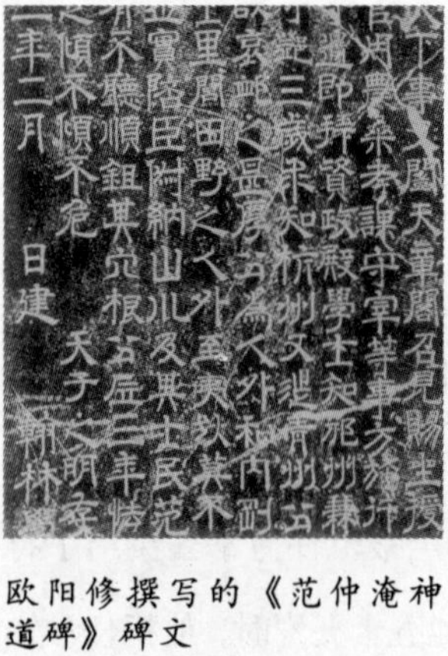
欧阳修撰写的《范仲淹神道碑》碑文

他捐出了苏州的地皮建学校，不在洛阳建园林，也不购置房产，因此，直到去世，这位位高名显的高级官员，都没有一处属于自己的住宅，还是朝廷借给了范家人一处地方让他们暂时居住。

三、不谋私利的清官

无怪乎后世学者称范仲淹为“伟人”，他情操之高表现在他一生的方方面面。如果说做到不以权谋私是为官者难得的可贵品行，那么范仲淹所做的则远远超出了这些，在连一些现代人看来应该收取的酬劳他都拒绝。比如说，他的文章写得好，书法又很受欢迎，加上天下闻名，请他撰写碑铭、墓志、序文的人自然很多。按当时惯例他可以收取丰厚的酬金或礼品，但是他从不收取酬金或礼品。他有自己的原则——只给自己尊重的人写， 而不问其职位之高下、权力之大小，撰写的文辞也绝不阿谀奉承。

最特别的一个例子是给范雍写墓志。范雍去世后，他的儿子请范仲淹为父亲撰写墓志。范仲淹同意了，且在文中称范雍是“邦之伟人”。范雍之子非常感激，找出父亲收藏多年的书画珍品送给他。范仲淹拒不接受，范雍之子则执意要他收下。最后，为了不让范雍之子太为难，范仲淹从中取出一本《道德经》，其余的书画则统统退回原主。他像长辈一样叮嘱说：“这本书是稀世珍品，你父亲懂得其价值，所以一直收藏着。我之所以留下这本书，是要替我的本家保管着，以免丢失。”

在范仲淹的人生字典中，似乎没有“占有钱财”这个概念。他不为个人谋利，这不代表他不知道如何获取利益。《范文正公言行拾遗事录》上记载过一个有趣的故事。范仲淹在饶州任官时，有个穷书生来找他，诉苦说自己“平生未尝一饱”，就是从来没吃过一顿饱饭。当时流行唐代书法家欧阳询的字，荐福寺中欧字碑文的墨本能值千钱，范仲淹准备为他拓印千本，到京城去销售。要是全部卖出去的话，书生就可脱贫致富。没想到，书生运气实在太差，这边纸墨已备，那边的碑却遭到雷击，碎了！

对子女的品行方面，范仲淹很注重廉洁节俭教育。颜回家居陋巷，箪食瓢饮不改其乐；颜真卿身为唐朝第一等人，而饘粥不继……这些是他常常对子女讲的故事，他还总结说，这就是中国古代所说的“君子固穷”。谆谆教诲加上严格要求，这正是他四个儿子能够成才的重要原因。

他的严格要求也针对家乡的侄子们。与兄长范仲温的书信往来中，他再三叮嘱兄长要教育家中子弟遵纪守法，不要因私人的事情去劳烦州县。他引导侄子们说，做官首先要做到的是廉洁、勤政和谨慎，这些都可以在少年时通过修身、学习养成，等他们的品行得到家乡人的称赞时，自己才可能推荐他们。在他的不断教育下，侄子们努力学习，修身正己，获得邻里乡亲的喜爱。后来范仲淹按照朝廷典章惯例，推荐两位侄子恩荫入仕。在他们赴任之前，范仲淹又给他们写信，对做人做官提出了一系列要求。比如，要守规矩，不可欺上瞒下；与同事相处要以礼相待，凡事多和他们商讨；等等。他还特别提出来一点：不得让老家亲友到你们管辖区做生意！这个要求再次体现范仲淹的清明和高尚，不光自己不爱钱财，也决不允许家属亲戚等人“借光”谋私利。他甚至自豪地对侄子们说：“你们看，老叔我一贯的表现如何啊？我有为自己营私的事情吗？”所以，只要保持平常心，戒奢抑欲，抛弃个人私心，就能守住清廉，做个问心无愧、顶天立地的人。只有做到了这些，才能真正振兴家族，光宗耀祖！

范仲淹语重心长教育侄子的这一段话，得到大理学家朱熹的赞扬，他在研究范仲淹家书的读后感《跋范文正公家书》里，写下了一段很好的评语。他说：范文正公写给他侄子的信，语言朴实易懂，让人感到亲切。如果现在的官吏都明白他说的这一段话，并且按照他说的去做，也就足以达到修身养性和正确处理国事和家事的目的。范仲淹与他朱姓兄弟及其侄子们也常有书信来往，信中除表达关心问候外，每次都教育他们读书做人的道理。五十七岁那年范仲淹在邓州任上，又给他朱姓侄子们写了封回信，信中谆谆教导他们读书做人的道理，还说："人生本来忧多乐少，要善自宽解，应该要求自己适应不断变化的环境。"

四、徇公忘己

庆历三年（1043）春，国家形势有了新变化。西夏求和，边事缓和。这一年的八月，范仲淹被委任为参知政事，之后便开启了"庆历新政"。新政期间，他统领全局，日夜谋划，呕心沥血，辛劳无比。新政失败后，他离开京城，宣抚河东，知邠州，兼领陕西四路缘边招讨使。这位五十七岁的老人，带着多病之身，奔波于征途，忙碌于政事，曾经累到咯出血来。后来，朝廷总算开恩，允许他到邓州治病。

皇祐元年（1049），范仲淹离开邓州，调任杭州，这时他六十一岁了。身体状况比前几年有所好转，这得益于邓州、杭州较好的气候和医疗条件。

皇祐二年（1050）十一月，范仲淹接到调令，从杭州转到青州任职，兼京东东路安抚使。他再次北上，水陆兼程，于第二年三月到任。几个月的旅途颠簸，加上政务、军务和救灾工作的操劳，范仲淹的病情加重了，"去冬以来，顿成羸老"，经常眩晕，咳嗽不止，精力极差。但是他不顾这些，仍坚持政务，励精图治。仅一年的时间，在他的治理下，青州社会安定，百姓安居乐业。

皇祐三年（1051），六十三岁的范仲淹病情加重，实在难以支持下去，只得上书朝廷请调他到一个相对清闲的州，以利于自己治病。朝廷下旨调他到颍州任职。颍州在今天的安徽阜阳。

皇祐四年（1052）春天，范仲淹扶病起程赶往颍州，走到徐州时，病势危重，难以前行，只得暂时停下救治。宋仁宗听说后，大惊失色，赶紧派人问候并赐药，然而已是回天无力。五月二十日，范仲淹逝去。仁宗皇帝亲笔书写了“褒贤之碑”，赠兵部尚书，谥“文正”。十二月，根据范仲淹生前愿望，家人将他安葬于河南洛阳伊川万安山。这里，也是他的母亲谢夫人、发妻李夫人的安葬之所。后来，他又被赠予太师、中书令兼尚书令等称号，并被追封为楚国公、魏国公。

按宋朝规定，大臣临终前要撰写“遗表”。内容大多是向皇帝提出请求，希望能给自己的家人一些照顾。范仲淹的“遗表”却一反常态。他先谈自己的平生志愿，再谈自己做人的原则和忧国忧民的忠心，最后提出的请求是，希望皇帝“上承天心，下徇人欲，彰慎刑赏，而使之必当；精审号令，而期于必行。尊崇贤良，裁抑侥幸，制民于未乱，纳民于大中”。这份六百多字的“遗表”，除谈论国家大事、治国之道外，只字未提个人和家庭的事。

其实，他的家境此刻相当窘迫。尽管范仲淹一生功业卓著，职位显赫，文章盖世，道德千古，万民称颂，然而他的身后却是“殓无新衣”，十分贫穷，家人甚至没有足够的资财来安葬他，“友人醵资以奉葬”。他去世后，妻儿们连个能回的家都没有，“诸孤无所处，官为假屋韩城以居之”。这样的家庭境况，范仲淹难道不清楚吗？为什么不借上“遗表”的机会给家人争取些改善生活的机会呢？这是合乎规定也合乎常理的。

范仲淹的风骨和气节，真可谓“高山仰止，景行行止”。他曾经称颂前贤严子陵“先生之风，山高水长”，其实这一句用来形容他才最为恰当。“先天下之忧而忧，后天下之乐而乐”，是他追求的理想品格，而他也用一生的清明高节践行了理想。

范仲淹不但自己以身作则，而且还将这种美好品质作为宝贵财富传给其后人，在他的言传身教下，其子孙大都成长为能够为国谋利、为民谋福的栋梁之材。次子范纯仁做官时每每遇到重要事情，常常会想父亲会如何选择，如何做。他曾经对皇帝说：“盖尝先天下而忧，期不负圣人之学。此先臣所以教子，而微臣资以事君。” 父亲的无私奉献，父亲的清正勤勉，已经化为他的精神力量，使他渐渐成长为一代贤相、一个品格高尚的人。

范纯仁自幼接受父亲教诲，父亲身边的博学高行之士也都是他的良师益友，他热切地向他们学习。史书说他“自为布衣至宰相，廉俭如一，所得奉赐，皆以广义庄；前后任子恩，多先疏族” 。他接续了父亲的慈善事业，继承了父亲的美好品行。正如《宋史》对他的评价：“位过其父，而几有父风。”

此言不假，略举两例。

第一例，不因私事打扰州县。兄长范纯祐病故，要在洛阳安葬。富弼知道后，马上给洛阳尹写信，让他帮着范家人安葬。洛阳尹等了一段时间也没等到范家人来，就叫人去打听，这才知道已经安葬完毕。洛阳尹很惊讶，自己身在洛阳，居然一点儿风声都没听到。范纯仁感谢他的好意，但也明确表示说："这是我们家里的私事，哪能打扰公家呢？"

第二例，治理有道，化民成俗。范纯仁知洛阳时，有个名叫谢克家的人从河阳来，途中见到一位老翁眯着眼在墙角晒太阳。有人连续两次告诉老人："你的黄牛被人偷走了！"老翁毫不理会，神色自若。谢克家觉得老翁的精神境界实在太高了，一定是个超脱物外的奇人。他走过去向老翁问话。老翁哈哈大笑："我哪是什么奇人，范公（纯仁）在此，谁还愿意去偷盗啊？牛不会被偷的！" 后来，黄牛果然回来了。这个故事显示了范纯仁为官清正，其管辖境内弊绝风清、政通人和的景象。这个故事记载在范纯仁后人写的《过庭录》中，作为其家族的精神财富代代相传。

像父亲一样，范纯仁对贫寒士人总是力所能及地予以援助。他去世后，时人邓忠臣对其的评价是："每思捐身而开策，尝愿休兵而息民。只知扶危而济倾，宁恤跋前而疐后"，"循公忘己，为国惜贤"。这个评价极为恰当。

范纯礼跟哥哥不太一样，沉默少语，看起来有些严肃刻板，但他也是一位勇于担当、关心民生的政治家。他曾经说服上司不再因修陵墓而增加境内百姓负担，也曾经挺身而出，坚持真相与正义；他果断刚毅，又心怀慈悲。《宋史·范纯礼传》说他"治民以宽"，深得父亲、兄长衣钵。他知开封府时，经手审理案子小心慎重，注重调查事实真相，公正之中体现着宽容。

范仲淹孙辈中优秀者也不少。范正平是范纯仁的长子，学问操行很高，史书说他有父祖之风。他曾经担任过开封尉。有小民来告说有一家姓向的侵占了四邻的房子、土地。向氏是皇后的娘家人，所以他的行为得到了户部尚书蔡京的支持，范正平则认为他不应该侵占民间有主产业。最后小民胜诉，蔡京被罚铜二十斤，从此蔡京对范正平记了仇。维护小民利益不惜得罪朝中权贵，这样磊落刚正的性格，真不愧是范仲淹之后。

后来，宋室南迁、灭亡的历史大局中，范仲淹的后人播散到各地，他的精神和范氏家族的文化则薪火相传，代代不绝。明清时期，涌现出不少优秀人物。例如，明代的范鏓就是一位代表。范鏓，是范仲淹第十五世孙，范纯仁之后。他为人正直，敢在朝廷争理论是非，曾因此被下狱。他爱民如子，担任河南知府时，为救饥民“不待报”就开仓赈济，“全活十余万”。百姓感恩戴德，争相传颂他的恩德，最后连深居宫中的皇帝也听到了他的名声。随后，他受命巡抚宁夏，又显示出谨慎持重的品性和治理才能。他“一意练步骑，广储蓄，缮治关隘”，几年后，境内盗寇都远远避开，不敢再来。后来调任兵部，任右侍郎，又奉诏总理边关事务。他兢兢业业，为国谋划，提出了详尽的方案。皇帝认为范鏓很有才能，想让他当兵部尚书之职，那时严嵩当国，他拒绝接任，还说自己年老了，而且不会跟着形势走，不适合当这个官。皇帝大怒，责他“不恭”，甚至将他削籍。然而，范鏓品行高洁，深受士林尊重，“天下推为长者”，声名远播关外。

范鏓后人范文程是清初名臣。努尔哈赤接见范文程时，听说他是范鏓的曾孙，立即对在场的诸贝勒说：“他是名臣之后，要善待他！”后来范文程历仕努尔哈赤、皇太极、顺治、康熙四帝，为清朝完成统一大业立下汗马功劳，被誉为清朝开国第一汉臣。范文程的六个儿子也都很有作为。

第三子范承勋是比较典型的代表。他承袭父祖风范，勤恳做官，为百姓做了不少实事、好事。例如，康熙三十三年（1694），他任江南、江西总督。当时“民纳粮，出赀俾吏输省城，谓之脚价”，“寻以违例追入官”，范承勋了解情况后，认为这加重了农民负担，予以罢免。后来，他考察后又发现江南赋税太重，向朝廷提出减免建议，以减轻百姓赋役之苦。康熙三十五年（1696），淮、扬、徐几州遇灾，他又积极救灾，保全了百姓。早年，在他初次担任巡抚时，康熙皇帝曾对他说：你的父兄都是为国尽力之人，你应当向他们看齐，做到“洁己爱民”。他将这句话牢记心中，为官一生，最终不堕家风，成为受人爱戴的官员。

斗转星移，不息的时光之河已经将我们带到新的时代。范仲淹和他生活的宋代已过去了千载。千年之间，范氏后人遍及宇内及海外。他们中的许多人，都极为珍视祖先的高尚精神和优良家风，他们薪火相传并努力将之发扬光大。他们或平凡，或显达，但都愿为国为民尽自己所能。香港的范止安是其中一位杰出代表。据记载，范止安是范仲淹第三十世孙，参加过抗日战争，后来定居香港，积极投身文化教育事业。他创立了“景范教育基金会”，参与内地“希望工程”项目，援建了48所“景范希望小学”。“景范”，意即“景仰范仲淹”。此外，他还设立了“范止安奖学金委员会”，1991年至2000年，受到奖励资助的大中小学生累计3000多名。

范止安重视并致力于范氏文化的研究和推广，相继编纂了《范氏历代先贤史料》、《范仲淹研究文集》一至三卷、《范学论文集》上下卷、《范县志》等书。2005年，在他广泛召集下，国内外范姓名人云集范县，举行范氏授姓2600周年纪念大会、范氏文化研讨会，不仅弘扬了范氏优秀文化，也增强了中华民族的文化凝聚力。

范仲淹不只是范氏的祖先，更是中华优秀人物的代表。千百年来，受范仲淹精神浸润的当然不只是范氏后人。优秀的华夏儿女，早已把先贤“先天下之忧而忧，后天下之乐而乐”的精神融入血脉中，这种精神激励他们开阔胸襟，勇于承担，为国为民，昂扬前行！

第五节 诗文传家

一、一代词人范仲淹

一个人的志向兴趣和自己的诗歌阅读、创作意象一致，在范仲淹的诗词创作上表现得非常明显。作为政治家、思想家，范仲淹“先天下之忧而忧，后天下之乐而乐”的情怀，其民本思想，在他的诗作中都有体现。比如，范仲淹《赴桐庐郡淮上遇风》诗中写道：

一棹危于叶，旁观亦损神。

他时在平地，无忽险中人。

让人们看到了他那兼济天下、加泽于民之心。

现在有的人说，范仲淹作为政治家算不得高明，因为他太耿直了，不懂得妥协。其实这话在我听来仍是对他的赞扬，宦海浮沉多年的范仲淹居然学不会圆滑，始终是个顶天立地、堂堂正正的人。

“本朝人物以仲淹为第一”，这是宋朝人的评价；“千百年间，盖不一二见”，这是元朝人的慨叹。在士大夫自觉意识高涨的宋代，北宋儒家社群中隐然出现了一种新的气象，而范仲淹正是这新气象的引领者。朱熹说“本朝为范文正公振作士大夫之功为多”。

王国维认为伟大高尚的人格才能写出高境界的词作，范仲淹正是这样的人。在《严先生祠堂记》里，范仲淹写道“云山苍苍，江水泱泱，先生之风，山高水长”，推崇汉朝严光的洒脱与本真；在千古名篇《岳阳楼记》中，范仲淹写道“不以物喜，不以己悲；居庙堂之高则忧其民，处江湖之远则忧其君。是进亦忧，退亦忧。然则何时而乐耶？其必曰：先天下之忧而忧，后天下之乐而乐”；在《灵岩寺》中，范仲淹写道“唯有延陵逃遁去，清名高节老乾坤”；在《寄林处士》中，范仲淹写道“片心高与月徘徊，岂为千锺下钓台”……这些诗句，无不反映出范仲淹风光霁月的人格、心怀天下的胸襟，让后人追慕不已。明人李贽说：“宋亡，范公不亡也。”

范仲淹初入官场时，北宋立国数十年，唐末五代纷争带来的读书人理想缺位、功利主义弊病仍很深厚。范仲淹的所作所为，常常遭到同僚抵牾，比如吕夷简指斥他“务名无实”；有时甚至亲友师长也不理解他的言事无忌，比如老师晏殊就曾责备过他“好奇邀名”。朋友梅尧臣甚至把他比作不吉利的乌鸦，提醒他少说话。面对这一切，他的回答是“宁鸣而死，不默而生”。也因此，“宋初三先生”、欧阳修等一些崇尚气节的士人才会聚在他身边。如果说范仲淹生前，人们对他的评价用毁誉参半来说的话，他死后的千百年来，无论是士大夫还是老百姓都给了他昭如日月的评价：南宋朱熹的评价是“天地间气，第一流人物”；清人袁枚的评价是“黄阁风裁第一清”。

范仲淹一生留下的诗文很多，很多作品并不为大众熟悉，比如下面这阕词：

剔银灯·与欧阳公席上分题

昨夜因看蜀志，笑曹操孙权刘备。用尽机关，徒劳心力，只得三分天地。屈指细寻思，争如共、刘伶一醉？

人世都无百岁。少痴骏、老成尪悴。只有中间，些子少年，忍把浮名牵系。一品与千金，问白发、如何回避？

这阕词是范仲淹与老朋友欧阳修在酒席上的戏谑之作。此时的他已几经宦海沉浮，回首不觉心中感慨：魏晋名士的淡泊清净，令他向往；三国英豪的事业到头来不过是枉费心机，仅值一笑。这阕词意蕴深厚，语言却如白话口出，平易粗放。宋词掉书袋者少见，附庸风雅者不少。像这样典雅征引，寓哲思于浅白文辞者却实属难得。此时的他，有着“无为”的高洁，却抛不开忧国之思，遥想“出世”的美好，仍不忍袖手于天下。他始终清醒，却始终学不会圆滑的政治手腕，归根结底是个文人。

读史使人明智，中国古代文人希望鉴古而知今，然而检视坟典，却只见苍茫的历史、难测的命运，兴亡盛衰，周而复始。深研《易经》的范仲淹对此早有了悟。

苏东坡和辛弃疾是宋词豪放派的代表，范仲淹则是其前驱。有学者认为：“苏辛一派的词，范实为其前导。同时，也可见他的作品，是已超越南唐的藩篱，而启示着词境的开拓与解放的机运了。”[①]北宋早期的词延续了五代以来的绮靡之风，多写儿女情长。范仲淹开始在词中将个人命运与家国相连，开创出一种大境界，让我们看到历史、宇宙、人生观的壮阔与玄奥。

掩卷沉思，千年之前的范仲淹，饱经忧患，病体之躯，映着窗外斜阳，提笔疾书。读着《苏幕遮》（碧云天）、《渔家傲》（塞下秋来风景异）、《岳阳楼记》等名作，我们仿佛可以看到一位果敢前行的勇士、一位细腻智慧的文人、一位兼有“入世”和“无为”思想的哲人，正踱步而来。

二、教子读诗书

“乡人莫相羡，教子读诗书。”范仲淹读书考中进士后写的诗句，在他的一生中始终遵循这一原则，在全国各地尽力兴学，在自己家中也把读书作为教育的重中之重。

宋代家族和唐代以前的世家大族不同。世家大族可以世袭，即便子孙不成才、不成器也不会失去特权和地位。宋朝科举制成为选士授官的主要途径，子孙不成才很快就会失去获得的家族显赫地位。的确，宋朝存在“门荫制”，但是门荫授予的往往是不重要、不起眼的小官，下一代如果没有人读书，基本上也难以维持家族地位。

范仲淹重视儿子们的教育，让他们拜当时的名士为师，四个儿子各有

---

① 刘大杰：《中国文学发展史》，上海古籍出版社1982年5月新1版，第595页。

长处，且都能撰述文章，写作诗句。他们有的凭科举入仕，有的凭恩荫做官，但如果没有青少年时期扎实的学习基础，很难想象他们后来能够成为栋梁之材，能够为国家担当大任。

范仲淹对家族子弟的教育也很上心。范氏义学的教育对象是本族适龄子弟，实行免费教育，还承担了学子参加考试的费用。“诸位子弟得贡赴大比试者，每人支钱一十贯文。”这项措施的目的是“庶使诸房子弟知读书之美，有以激劝”。

三、好学不倦

好学不倦是范氏父子共同的特征，范纯仁也不例外。范纯仁自幼聪明，八岁就能对所读之书进行讲解。当时，学者胡瑗、孙复、石介、李觏正在范家做客，家有名师，范纯仁向他们学习，与他们一起切磋学问。每次讲习讨论，往往到了深夜时分，范纯仁还不肯安睡。他把灯拿到帐中，坐在帐中继续读书，时间一长，帐顶就被灯熏成了墨一般的黑色。范纯仁的夫人发现了丈夫这顶“墨帐”，非常惊奇，视同至宝，把它收藏起来。后人记载，她经常自豪地向儿孙们展示“墨帐”，满脸的得意和敬佩。一顶“墨帐”，成了范氏家族教育家族子弟、勉励子弟勤学苦读的传家宝，称为“墨帐家声”。

第十章

持家秘籍说家训

与中舍书

某再拜中舍三哥：今日得张祠部书，言二十九日，曾相看三哥来，见精神不耗。其日晚吃粥数匙，并下药两服，必然是实。

缘三哥此病因被二婿烦恼，遂成咽塞，更多酒伤着脾胃，复可吃食，致此吐逆。今既病深，又忧家及顾儿女，转更生气，何由得安？

但请思之，千古圣贤不能免生死，不能管后事，一身从无中来，却归无中去，谁是亲疏？谁能主宰？既无奈何，即放心逍遥，任委来往。如此断了，既心气渐顺，五脏亦和，药方有效，食方有味也。只如安乐人，忽有忧事，便吃食不下，何况久病，更忧生死，更忧身后，乃在大怖中，饮食安可得下？请宽心，将息将息。

今送关都官服火丹砂并橘皮散去，切宜服之服之。

这封信是范仲淹写给得了重病的哥哥范仲温的，为的是劝说开导他放下沉重的思想包袱，安心疗病养身。这就决定了此信的风格：明白晓畅，通俗浅近。要开导有效，必须有极强的针对性，不可泛泛而论，只有说到点子上，说到患者心里，使其深以为然，才能使其放下顾虑。范仲淹直言不讳地指出三哥生病的原因：被二婿烦恼及饮酒过量，加之又“忧家及顾儿女，转更生气”加重了病情。接着大胆地与病入膏肓的三哥谈论有关于“死”的问题，为的是让三哥能看透生死，不再为一些琐事烦恼。这样，饮食才得下，药物才生效，最终才能拒死获生。作者对于生死的看法，是超然洒脱的。

《范仲淹全集》中收录保留下来的范仲淹家书中，与哥哥范仲温的信有十多封。

告诸子书

吾贫时与汝母养吾亲，汝母躬执爨，而吾亲甘旨未尝充也。今而得厚禄，欲以养亲，亲不在矣，汝母亦已早世。吾所最恨者，忍令若曹享富贵之乐也。

吾吴中宗族甚众，于吾固有亲疏，然吾祖宗视之，则均是子孙，固无亲疏也。苟祖宗之意无亲疏，则饥寒者吾安得不恤也？自祖宗来，积德百余年，而始发于吾，得至大官。若独享富贵而不恤宗族，异日何以见祖宗于地下？今何颜以入家庙乎？

这两段是范仲淹对儿子们的训诫。

第一段文字表达出他对朴素生活的向往和重视，要求儿子们不可因为现在父亲身处高位就心安理得地享受富贵生活，追求物质享受。细细品读，我们还可窥见一代伟人内心细腻的隐痛——对亡母和去世发妻的追思。

第二段明白写出了范仲淹“恤亲活族”的想法，以祖宗之心包容族人。他对儿子们谆谆教导，希望他们继承自己的慈善事业。

与诸弟、侄书

京师交游，慎于高议不同，当言责之地也。且温习文字，清心洁行，以自树立。平生之称，当见大节，不必窃论曲直，取小名招大悔矣。

京师少往还，凡见利处，便须思患。老夫屡经风波，惟能忍穷，故能免祸。

大参到任，必受知也。惟勤学奉公，勿忧前路。

汝守官处小心，不得欺事。与同官和睦多礼，有事即与官议，莫与公人商量。莫纵乡亲来部下兴贩，自家且一向清心做官，莫营私利。汝看老叔自来如何，还曾营私否？自家好家门，各为好事，以光祖宗。

这几段文字是范仲淹对侄子们的教诲。

有位晚辈要来京城，范仲淹担心他沾染高谈阔论、随意褒贬的毛病，提醒他要“温习文字，清心洁行”，做好自己。

他告诉家中子弟，明显有利益的地方，其反面——麻烦或祸患也一定会存在。所以，不要被眼前的利益迷惑，要能“忍穷”，才能不让祸事近身。

他不让侄子们写信托人提拔做官，因为他相信如果自我充实，做到

“勤学奉公”，就不必担忧前程。意思类似于现代比较流行的一句话，“是金子总会发光的”，所以先要好好锤炼自己。

对已经担任官职的侄子，他叮咛他们一定要小心谨慎，清正做官，不要想着谋求私利。

从与家人书信的字里行间，我们看到的范仲淹依然是那个以天下为己任的文正公。千古名句“先天下之忧而忧，后天下之乐而乐”咏叹的古贤风范，正是范仲淹本人的心声和真实人生。所以在与家人的信中，他可以自豪地说：要求你们的那些，我绝对做到了！

义庄规矩

义庄规矩初定十三条：（范仲淹于皇祐二年十月订立）

一、逐房计口给米，每口一升，并支白米。如支糙米，即临时加折。支糙米每斗折白八升，逐月实支每口白米三斗。

一、男女五岁以上入数。

一、女使有儿女在家及十五年，年五十岁以上，听给米。

一、冬衣每口一匹，十岁以下、五岁以上各半匹。

一、每房许给奴婢米一口，即不支衣。

一、有吉凶增减口数，画时上簿。

一、逐房各置请米历子一道，每月末于掌管人处批请，不得预先隔跨月分支请。掌管人亦置簿拘辖，簿头录诸房口数为额。掌管人自行破用或探支与人，许诸房觉察，勒赔填。

一、嫁女支钱三十贯，七十七陌，下并准此。再嫁二十贯。

一、娶妇支钱二十贯，再娶不支。

一、子弟出官人每还家待阙、守选、丁忧，或任川、广、福建官留家乡里者，并依诸房例给米、绢并吉凶钱数。虽近官，实有故留家者，亦依此例支给。

一、逐房丧葬：尊长有丧，先支一十贯，至葬事又支一十五贯。次长五贯，葬事支十贯。卑幼十九岁以下丧葬通支七贯，十五岁以下支三贯，十岁以下支二贯，七岁以下及婢仆皆不支。

一、乡里、外姻亲戚，如贫窘中非次急难，或遇年饥不能度日，诸房同共相度诣实，即于义田米内量行济助。

一、所管逐年米斛，自皇祐二年十月支给逐月糇粮并冬衣绢。约自皇祐三年以后，每一年丰熟，桩留二年之粮。若遇凶荒，除给糇粮外，一切不支。或二年粮外有余，却先支丧葬，次及嫁娶。如更有余，方支冬衣。或所余不多，即凶吉等事众议分数均匀支给。或又不给，即先凶后吉；或凶事同时，即先尊口后卑口，如尊卑又同，即以所亡所葬先后支给。如支上件糇粮吉凶事外，更有余羡数目，不得粜货，桩充三年以上粮储。或虑陈损，即至秋成日方得粜货，回换新米桩管。

范氏家训百字铭

孝道当竭力，忠勇表丹诚。

兄弟互相助，慈悲无边境。

勤读圣贤书，尊师如重亲。

礼义勿疏狂，逊让敦睦邻。

敬长与怀幼，怜恤孤寡贫。

谦恭尚廉洁，绝戒骄傲情。

字纸莫乱废，须报五谷恩。

作事循天理，博爱惜生灵。

处世行八德，修身奉祖神。

儿孙坚心守，成家种善根。

这段百字铭引自范氏后人编写的《范氏历代先贤史料》一书，书中称这是范仲淹为子孙订立的家训。然而我们无法从古籍中查到范仲淹的原文，只能存疑。不过，即便是后人托祖先之名而立，仍是范氏的家训。

附录　范氏祖茔天平山

唐宝历二年（826），僧永安在天平山南麓建“白云庵”，亦名“天平寺”。山半有白云泉，泉水清澈甘冽，白居易为赋《白云泉》诗，天平山名由此日著。

北宋天圣六年（1028），僧择梧就宝历遗址再建庵院，仍称白云庵。

庆历四年（1044），参知政事范仲淹因其高祖唐柱国丽水县丞范隋安葬于天平山左麓，曾祖父范梦龄、祖父范赞时、父亲范墉安葬于天平山右麓，按例得置功德寺，于是奏请以白云庵改功德香火院，改名“白云禅寺”。宋仁宗不仅赐其寺额，还把天平山赐给他作为家山，此后天平山乃归范氏家族所有，由范仲淹创设于皇祐元年（1049）的范氏义庄负责管理。自此范氏称其为“赐山”，俗称“范坟山”。因其曾、祖、父三世都被追赠为国公衔，民间把这三处墓葬称为“三太师坟”，历代地方志书均有载。范仲淹殁后，谥为“文正公”，他的后代又在白云寺南有所扩建。寺旁建祠堂，以奉祭祀。在白云泉旁建云泉庵（后改名“云泉晶舍”）。

北宋宣和五年（1123），庆州经略安抚使宇文虚中奏建范文正公祠于庆州（今甘肃庆阳），用以纪念在此守边有功的范仲淹，宋徽宗赵佶书赐庙额为“忠烈”。宋室南渡后，因“西土皆陷，忠烈之庙，越在异邦”，苏州地方官与士大夫认为“苏，公故郡也，而天平山则公祠在焉。公之精神，必往来乎此”，遂于绍兴年间（1131—1162）改建新庙，揭“忠烈”之榜于门。每年上巳，三司率僚属等皆来致祭。自此以后，三太师祠、范公祠、忠烈庙的称呼相互交织混合。宋元易代，离乱之际，忠烈庙圮毁。

元至元二十二年（1285），范氏义庄主祭范邦瑞重建忠烈庙。“四月庙成。丙戌（1286）二月既望，率族奉安。前设文正公像，内设三国公神仪，庙凡十楹，黝垩丹漆，备极壮丽。”

明正统八年（1443），巡抚周忱等出资重修忠烈庙。吴县县令叶锡殚心尽力，规划处置，邻近各县也尽力资助，耗时两月修建完工。新庙“为堂、前、后各三间，以奉公及三世先公像”，东、西厢如其数，以藏祭器，而斋宿寓焉，壮丽严整，有加于昔。中作石桥，桥南左右为碑亭。前作大门，榜曰“敕赐范文正公忠烈庙”。

万历四十三年（1615），范仲淹第十七世孙、福建布政使司右参议范允临弃官回到苏州。因天平两遭战火，建筑尽毁，“遂成荒丘，数百载丛林，掊为瓦砾……余乙卯之秋，稍葺茆茨，略成位置”（范允临《输寥馆集》）。范允临还把从泉州带回的三百八十棵枫树苗，种植在天平山麓。枫树长大后，每至深秋，天平山彤红灿烂，有“万丈红霞”之称。同时，范允临修葺庙祠，复振祖泽。在范隋墓侧，建造别业，名“天平山庄”。此山庄有咒钵庵、瘖言堂、听莺阁、芝房、来燕榭、翻经台、宛转桥诸胜。池馆亭榭随山势而层层叠叠，鳞次栉比，错落有致。四周山清水秀，古木参天，形成园林式山景。据乾隆《苏州府志》记载，此山庄“依山为榭，曲池修廊。通以石梁，春时游人最盛”。明末清初时，毁废于乱世。

清康熙初，范允临之子翰林院检讨范必英为纪念其父“复振祖业之功”，在天平山庄旧址建范参议公祠。后为范氏祭奠祖先之处。康熙二十四年（1685），范必英用了六年时间重建忠烈庙前堂及仪门。“撤前堂而新之，惟石柱仍其旧”，“移仪门于石桥之南，建为五楹，以两夹室庋旧碑”（《重建天平山忠烈庙前堂及仪门记》）。康熙四十二年（1703），康熙南巡时曾驾临天平山，题写了“济时良相”之匾额赐给忠烈庙。

雍正七年（1729），范仲淹第二十四世孙范瑶重修迁吴始祖范隋墓。乾隆五年（1740）至七年（1742），范瑶与范允临曾孙范兴禾、范兴谷重修天平山庄、范参议公祠堂和忠烈庙牌坊。一时“山城绰楔，祠宇廊房，次第俱举，尽还旧观”，“碣翼以亭，门树以石，浚池辟道”，并将山庄改名为“赐山旧庐”。（《范氏迁吴始祖唐柱国丽水府君墓门碑》《范氏赐山旧庐记》）

乾隆皇帝南巡时，曾四次（1751年、1757年、1780年、1784年）到过天平山，且每有题诗。苏州官府和范氏家族躬逢其盛，便先后在天平山增建了高义坊、接驾亭、御碑亭、御书楼、高义园正殿（御座）、更衣亭等，总称高义园。乾隆十六年（1751），皇帝御赐金匾“高义园”，并赐忠烈庙“学醇业广”匾，厚赏范氏后裔。范瑶特地聘请著名画士绘制《万笏朝天图》，画面为苏州地方官员迎接圣驾临幸的场面，人数多达数千人，气势恢宏。

同年，范能濬“钩校畸赢，积累锱铢，次第兴工”。重建后的忠烈庙“撤前堂而新之，惟石柱仍其旧，较前为朴壮。又以形家言，移仪门于石桥之南，建为五楹，以两夹室庋旧碑，而池北周以石栏，子孙瞻拜之地”。范氏后裔还在乾隆四十四年（1779）重建倾圮的忠烈庙头门牌坊。

咸丰十年（1860）至同治二年（1863），天平山遭兵燹，损毁严重。

同治年间，范氏义庄主奉范学炳重修高义园，并在白云寺的遗址上重建“白云古刹”。

民国期间，范仲淹第二十六世孙范厚甫“仰承先志，尤以兴复天平诸古迹为己任，以身率先，庀材鸠工”，为阻止采石宕户侵入天平山地界奔走呼号，终于取得官方禁令。继之在民国8年（1919）重修白云寺，为大殿三楹及三门两庑庖厨，结构宏整，由此而复功德院之旧观（《重修白云寺记》）。民国9年（1920）秋，范厚甫又在范参议公祠故址重建堂宇，次年春落成，巍然翼然，面貌一新（汪凤瀛《重修范参议公祠堂记》）。民国29年（1940），伪吴县县政府调查胜迹时称：忠烈庙、白云寺、高义园等屋宇均完好。此后三十年间，时局动荡，天平胜迹失于修护，荒芜不堪。此后，由于连年失修而日渐衰落。

天平山及附近各山的岩石皆是优质的石料，是建筑和装饰材料中的上品，历来有开山采石与禁止开山之争。自天平山成为范氏私产后，就得到历朝政府和民间的保护。民国时，天平山范氏界内自宋以来严禁樵采的成规渐堕，“山中宕户以采石为业者，侵入天平山界，斧凿横加，又持金钱之力，官吏袒护”（汪凤瀛《重修范参议公祠堂记》）。吴县县政府、苏州公安局、吴县公安局也三令五申，要求保护好天平山名胜，严禁采石，并派骑巡队护山。此时，该处又一度盗匪出没。民国6年（1917），天平山警察派驻所被帮匪纵火，劫械伤警。

1954年年初，苏州市园林管理处接管天平山。当时，天平山大部分建筑荒芜不堪，久未恢复。1954年5月上旬，整修御碑亭、接驾亭、高义园等建筑，疏浚十景塘，于同年8月1日开放。

1955年，因白蚁蛀蚀严重，高义园后进正厅落架大修。20世纪60年代初，又相继小规模修复乐天楼、岁寒堂等建筑。

1966年“文革”开始，天平山庄关闭，建筑物长期遭白蚁严重的蛀蚀，再加上年久失修，呈现破败荒凉之景象。山上摩崖碑刻被凿去或推倒。1969年，拆除云泉晶舍改建为茶室，在扩大地基时实施爆破，致使白云泉流量受到影响。1972年，忠烈庙后部的三太师殿被拆除，改为动物园养鹿场。周边开山采石活动加厉，开山炮声导致栖息多年的鹰群匿迹，植被虫害加剧，严重损害天平山环境和景观，至1975年，百年老树多有死亡。1976年，天平山庄稍加整修，重新开放。

1980年，天平山被列为国家太湖风景名胜区天灵景区的主要景点，重新对景区开始规划建设。

参考文献

[1]范能濬.范仲淹全集[M].薛正兴，点校.南京：凤凰出版社，2004.

[2]脱脱，等.宋史[M].北京：中华书局，1985.

[3]黄宗羲.宋元学案[M].全祖望，补修.陈金生，梁远华，点校.北京：中华书局，1986.

[4]陈桐生译注.国语[M].北京：中华书局，2013.

[5]季铁铮.范仲淹[M].长沙：湖南人民出版社，2006.

[6]宋衍申，李治亭，王同策，等.二十六史精华宋史：二[M].宋衍申，董铁松，译.长春：北方妇女儿童出版社，1996.

[7]李嘉球.姑苏宰相[M].苏州：苏州大学出版社，2013.

[8]张希清，范国强.范仲淹研究文集：5[M].北京：北京大学出版社，2009.

[9]萧德明，罗伟豪.范仲淹选集[M].广州：广东高等教育出版社，2014.

[10]王竞成.中国历代名人家书[M].北京：中国国际文化出版公司，2009.

[11]范文生.范仲淹与虞城[M].开封：河南大学出版社，2014.

[12]景范教育基金会.范氏历代先贤史料[M].香港：新亚洲文化基金会有限公司，2001.

[13]邵忠，李瑾.吴中名贤传赞[M].南京：江苏古籍出版社，1997.